A Liberdade de Expressão e as Novas Mídias

Coleção Debates
Dirigida por J. Guinsburg
(*in memoriam*)

Equipe de Realização – Coordenação textual: Luiz Henrique
Soares e Elen Durando; Edição de texto: Rita Durando;
Revisão: Lia N. Marques; Ilustração da capa: Sergio Kon;
Produção: Ricardo W. Neves e Sergio Kon.

josé eduardo faria
(organização, apresentação e introdução)

A LIBERDADE DE EXPRESSÃO E AS NOVAS MÍDIAS

PERSPECTIVA

Copyright © José Eduardo Faria

CIP-Brasil. Catalogação na Publicação
Sindicato Nacional dos Editores de Livros, RJ

L665
    A liberdade de expressão e as novas mídias / organização,
apresentação e introdução José Eduardo Faria. - 1. ed. - São Paulo
: Perspectiva, 2020.
    184 p. ; 21 cm. (Debates ; 344)

    Inclui bibliografia
    ISBN 978-65-5505-036-3

    1. Direito à informação. 2. Liberdade de expressão. 3.
Direitos fundamentais - Brasil. 4. Mídia digital. 5. Fake news.
6. Discurso de ódio. I. Faria, José Eduardo. II. Série.

20-66733   CDU: 342.727

Camila Donis Hartmann - Bibliotecária - CRB-7/6472
21/09/2020 22/09/2020

1ª edição

Direitos reservados à

EDITORA PERSPECTIVA LTDA.

Rua Augusta, 2445, cj. 1.
01413-100 São Paulo SP Brasil
Tel.: (11) 3885-8388
www.editoraperspectiva.com.br

2021

SUMÁRIO

Apresentação 9

Introdução 11

1 Política e Imprensa em Tempos de Internet –
   José Eduardo Faria 17

2 Verdade na Internet – *José Eduardo Faria* 21

3 A Liberdade de Expressão na Internet:
   Da Utopia à Era das Plataformas – *Mariana
   Giorgetti Valente* 25

4 "Fake News" e as Novas Ameaças à Liberdade
   de Expressão – *Ronaldo Porto Macedo Junior* 37

5 Liberdade de Expressão e Preconceito
   Contra Homossexuais. Dois Episódios e Muita
   Confusão – *Ronaldo Porto Macedo Junior* 63

6 "Fake News": Liberdade de Expressão ou Dever de Falar a Verdade? – *Ronaldo Porto Macedo Junior*.............73

7 Liberdade de Expressão e Discurso de Ódio na Internet – *Mariana Giorgetti Valente* 79

8 Liberdade de Expressão, Algoritmos e Filtros-Bolha – *Mariana Giorgetti Valente*..............95

9 Eleições: Direito à Informação *vs.* Esquecimento – *Taís Gasparian*............................ 103

10 Sigilo da Fonte – *Taís Gasparian*............................117

11 Liberdade de Expressão: Que Lições Podemos Aprender Com a Experiência Americana – *Ronaldo Porto Macedo Junior* 127

12 O AI-5, a Democracia, as "Fake News" e as Redes Sociais – *José Eduardo Faria* 169

Decisões Judiciais...175

Bibliografia 176

Sobre os Autores.. 182

APRESENTAÇÃO

Os textos aqui reunidos são de professores de Sociologia, Teoria e Filosofia do Direito da Universidade de São Paulo, pesquisadores com formação interdisciplinar em Direito, Ciência e Tecnologia das Comunicações que estudam a relação entre as instituições jurídico-políticas e a internet e advogados que defendem grandes jornais, em matéria de liberdade de imprensa e de direito de informação. A coletânea tem por objetivo discutir o ressurgimento de riscos de perversão dos valores e garantias fundamentais, por causa das discussões sobre regulamentação das liberdades de expressão e de cátedra e dos direitos de informar e ser informado. Neste momento em que não apenas o país, mas também o mundo, parecem estar na antessala de mais "uma noite polar, glacial, rude e sombria", ou seja, de um preocupante retrocesso democrático, os trabalhos aqui apresentados também analisam o surgimento das novas mídias e os problemas delas decorrentes, como a disseminação de *fake news*, discursos de ódio, tentativas de controle da autonomia acadêmica e ameaças à segurança do direito e aos direitos humanos.

INTRODUÇÃO

Já se tornou rotineira, nas campanhas eleitorais e na vida política, a influência determinante das novas formas de transmissão de informações resultantes do avassalador progresso das tecnologias de comunicação. Tendo avançado com enorme rapidez na virada do século XX para o século XXI, como decorrência da reestruturação produtiva e do processo de destruição criativa ocorridos nas décadas de 1980 e 1990, essas tecnologias propiciaram a expansão das redes sociais, ou seja, de espaços abertos e descentralizados que reduziram os graus hierárquicos em torno dos quais foi construída a verticalidade do poder público e horizontalizaram a sociedade.

No início desse processo, a internet era vista como um instrumento para a construção de formas mais abrangentes e descentralizadas de participação política – mais precisamente, para uma nova ágora na qual, graças à democratização digital, qualquer cidadão poderia discutir a agenda pública e deliberar por meios eletrônicos, sem mediação parlamentar. A ideia era, ao maximizar as liberdades fundamentais, propiciar consultas diretas à população e o voto por meio de um computador doméstico. Essa forma de cidadania virtualmente participativa tornaria mais objetiva e direta as relações entre governantes e governados, assegurando desse modo agilidade, transparência e legitimidade ao processo decisório. Graças à internet, a política deixou de se circunscrever a sociedades delimitadas territorialmente e ganhou uma dimensão funcional e policêntrica, transitando da autoridade governamental para conexões comunicativas. À época, o entusiasmo foi tanto que, na vertente liberal extremada, chegou-se a tratar de modo idealizado a capacidade da sociedade de se auto-organizar, abrindo caminho para um mundo articulado pela agregação das multidões sem autoridade central.

Com o tempo, porém, o otimismo entrou em refluxo e acabou dando lugar a uma visão mais realista – e, talvez, pessimista. Afinal, se cada cidadão pode deliberar com base em seu computador doméstico, no círculo fechado de seu ambiente familiar, seu voto não tende então a se tornar potencialmente solitário, quando deveria ser coletivo por princípio? Ou seja, resultante de debates públicos, de negociações e da formação de consensos? Dito de outro modo, em vez de uma participação social intensa, não se correria o risco de ter justamente o oposto – o isolamento e a eventual apatia dos cidadãos na hora de decidir? Em que medida a internet serviria mais como instrumento para troca de decisões do que para um processo efetivo e responsável de deliberação?

Além desse problema, surgiu um outro não menos grave e preocupante: à medida que as novas mídias foram aparecendo e se expandindo, houve um aumento no mesmo ritmo do nível de polarização, da virulência e da desqualificação recíproca entre partidos políticos e adversários eleitorais, o que levou, como consequência, à proliferação de acusações infundadas, de informações distorcidas, de narrativas enviesadas e de mentiras – as chamadas *fake news*. Em vez da divulgação de informações sobre fatos verídicos e de ideias e propostas, as redes sociais passaram a primar não apenas pela desinformação, mas, igualmente, por seu potencial disruptivo do ambiente político. Esse problema se agravou quando ficou claro, no mundo inteiro, que os mecanismos de controle dos tribunais eleitorais se revelaram incapazes de monitorar plataformas digitais para coibir excessos e deslizes. Conforme foi visto no caso da utilização do WhatsApp por grupos políticos, compartilhando imagens, mensagens, vídeos e áudios enviesados ou falsos.

Até então, discutia-se se a internet deveria ser controlada e, no caso de uma resposta afirmativa, como. O debate girava, basicamente, em torno da tensão entre a imposição de algum controle estatal e o autocontrole. Contudo, diante da necessidade de medidas mais eficazes para se conter a disseminação de *fake news* pelas redes sociais, tornou-se inevitável o surgimento de propostas extremadas, incompatíveis com a liberdade de expressão, com o direito de informar e com o direito de ser informado, que estão entre os pilares da democracia representativa. Partindo da premissa de que no ambiente virtual não há santos, anjos, querubins e serafins, uma vez que todos os lados políticos costumam apelar para desvios morais de conduta, agindo com base numa ética de cariz maquiavélico, essas propostas entreabriram um cenário inquietante e perturbador, por causa de suas implicações autoritárias. Isso porque, se as novas tecnologias de comunicação permitem aos competidores políticos se verem como inimigos e não como adversários nas disputas eleitorais, recusando-se a aceitar o princípio de que o outro faz parte de sua sociabilidade, algumas alternativas propostas apresentadas em nome de um jogo democrático limpo enfatizam, justamente, a necessidade de maior regulamentação das liberdades de expressão e de manifestação do pensamento. Nas relações entre política e comunicação, por exemplo, algumas propostas questionam se todos podem falar sobre tudo, quando quiserem, mesmo não tendo competência técnica para compreender determinadas decisões governamentais. O mesmo acontece nas relações entre direito e comunicação. O direito de informar pode violar o segredo das investigações? O direito de ser informado é compatível com a proteção das partes processuais? A liberdade de expressão pode atuar como instrumento de pressão sobre as decisões dos tribunais? Dependendo de seu teor, as respostas a essas indagações levam, paradoxalmente, ao esvaziamento da própria democracia representativa.

Os riscos que a democracia pode sofrer por causa de propostas como essas, e que podem resultar na regressão das liberdades civis, são visíveis a olho nu. À direita e à esquerda vão proliferando sugestões em favor de controles estatais mais rígidos das informações, tentativas de asfixia financeira de revistas e jornais e afrontas aos marcos constitucionais – medidas justificadas em nome do "controle social" da imprensa, do combate à corrupção, da manutenção da segurança pública e da preservação dos bons costumes – seja lá o que isso possa significar. Por coincidência, a regressão dos direitos fundamentais – especialmente no âmbito do jornalismo – em regimes ditatoriais já foi objeto de dois livros meus publicados pela Editora Perspectiva numa uma época sombria. Uma época de censura, de prisões e de tortura, em que a luta pelo restabelecimento do *habeas corpus* e das liberdades de opinião e cátedra eram as palavras de ordem dos movimentos de resistência.

Intitulado *Jornalismo e Participação*, um dos livros partia da premissa de que a imprensa não é um simples processo tecnológico ou industrial – pelo contrário, vinculada às revoluções liberais do século XVIII, como a Americana e a Francesa, ela é, fundamentalmente, reflexo da manifestação do pensamento livre sem tutela do Estado. Por sua natureza, a imprensa tem um valor inestimável na vida política, na medida em que estabelece canais de comunicação que garantem o equilíbrio institucional dos regimes abertos. Os meios de comunicação não se limitam a veicular uma quantidade incalculável de informações. Trabalham, igualmente, como verdadeiros instrumentos de correção e realimentação das relações humanas e sociais – dizia eu naquele texto, depois de apontar as liberdades de expressão e informação como essenciais à articulação política e ao processo de conversão do pluralismo ideológico em decisões coletivas.

Com o título *Política e Jornalismo: Em Busca da Liberdade*, o segundo livro tinha como premissa o reconhecimento da verdade factual, o qual, se por um lado ajuda a estruturar as liberdades públicas, por outro informa o próprio discurso político. Entre outras questões, o livro discutia o engodo ou a mentira na política, comum aos regimes ditatoriais, que possuem jornais sem redações, baseando o noticiário em sinopses preparadas por burocratas. O problema do engodo e da mentira é que eles são eficientes apenas quando o enganador e o mentiroso têm ideias claras do que tentam esconder.

Também afirmava, naquele texto, que o campo de ação da política é o do pensamento social e lembrava ainda que esse campo não é o da evidência, mas o do acordo e do consentimento, o que implica participação, conflito, barganha, negociação e, por tudo isso, liberdade. Consequentemente, o pensamento político é representativo por essência e princípio, de tal forma que um consentimento sem liberdade é um consentimento viciado, bem como um acordo sem conflito ou é um falso acordo ou uma escamoteação ideológica. Por isso, na medida em que a dinâmica política exige o concurso da opinião pública, seu ponto básico de referência é a verdade factual. Uma verdade que não é evidente nem necessária e o que lhe atribui a natureza de verdade efetiva é que os fatos ocorram de uma determinada maneira e não de outra. Desse modo, o problema da verdade factual é que seu oposto pode não ser apenas um erro, algo comum entre os homens. Pode ser, igualmente, a mentira, a falsidade deliberada e a verdade oficial dos regimes fechados, concluía. Como dizia Hannah Arendt num primoroso ensaio divulgado à época, "a persuasão e a violência podem destruir a verdade, não substituí-la". Em outras palavras, como a capacidade de mentir é um dos poucos dados óbvios que confirmam a liberdade dos homens, superestimar essa liberdade e tolerar a negação dos fatos é o mesmo que pervertê-lo.

1. POLÍTICA E IMPRENSA EM TEMPOS DE INTERNET

José Eduardo Faria

Convidado a participar de um evento acadêmico sobre a crise política, coube-me, entre outras questões, discutir o impacto das novas tecnologias de comunicação e o papel da imprensa. O convite me levou a recuperar a introdução que escrevi para um pequeno livro sobre política e jornalismo, editado na virada dos anos 1970 para os anos 1980, quando os governos militares distribuíam notas secas aos jornais, comunicando o que não podia ser publicado. No texto, afirmei que a liberdade de imprensa sempre enfrentou ameaças ao longo da história, sobrevivendo a todas elas. Também disse que, por mais que o espírito de liberdade sobreviva sob os mais opressores regimes políticos, as pressões contra ele não desaparecem.

Quando escrevi o prefácio, a preocupação era com os temas da mentira e da censura, comuns aos períodos históricos em que os jornais são obrigados a divulgar não sua leitura dos acontecimentos, e sim sinopses oficiais. Inspirado em Hannah Arendt, lembrei que o problema da mentira é que ela só é eficiente quando o mentiroso sabe a verdade que quer esconder. O campo da política é o do pensamento plural e seu terreno não é o da evidência, dizia ela, mas o do acordo e o do consentimento, que pressupõem liberdade, participação, conflito, diálogo e negociação. Como o pensamento político é eminentemente representativo, consentimento sem liberdade é viciado e acordo sem conflito é escamoteação ideológica. Ainda nessa linha de raciocínio, política e jornalismo são atividades que se implicam e só se articulam quando existe um mundo público e, por extensão, um campo para o exercício da liberdade. Quando a hipocrisia, o conformismo e enviesamentos ideológicos se sobrepõem ao vigor moral, à participação e à crença na dignidade humana, é preciso buscar o sentido do espírito de liberdade, que se expressa por independência, combatividade e poder de crítica.

Relendo aquele texto, escrito quando não havia internet e os movimentos sindicais e estudantis recorriam ao mimeógrafo para divulgar opiniões, fica claro que a imprensa exercia um papel que hoje é ameaçado pelas novas tecnologias de comunicação. Em outras palavras, jornais e revistas supervisionavam as fronteiras entre o espaço público e os espaços sociais, entre as conversações e as informações. O espaço público tradicional relegava à sociedade a função de audiência, filtrando informações e opiniões. Com a internet, concebida não para que um emissor se dirija a uma massa acrítica de receptores, mas para facilitar e agilizar as comunicações entre eles, a verticalidade entre jornalistas e leitores vem sendo substituída por novas formas de relações entre o mundo das conversações e o mundo das informações. Dito de outro modo, a verticalidade entre jornalistas e sua audiência cedeu lugar a redes de comunicação que horizontalizaram o espaço público. A internet propiciou assim uma significativa ampliação do espaço público, que cada vez menos é filtrado por jornalistas e políticos profissionais. Como lembra Daniel Innerarity, da London School of Economics, em seus ensaios sobre a política em "tempos de indignação", não há nenhuma palavra pública imune a críticas, nem autoridades governamentais capazes de impor o silêncio absoluto.

No lado positivo, esse processo multiplica o intercâmbio de opiniões e amplia o campo do debate democrático, oferecendo amplas possibilidades para a transformação da política. No lado negativo, ele não é imune a todo e qualquer tipo de risco, como difusão de mentiras e difamações, achaques a reputações, desmoralização de adversários e os perigos da personalização dos conteúdos por parte dos *sites* de buscadores, como o Google. À medida que esses *sites* conhecem as preferências dos usuários e se empenham em oferecer serviços personificados para seus gostos sociais, inclusive notícias e resultados de pesquisas, a internet intensifica de tal modo suas preferências que eles acabam não tendo acesso a opiniões diferentes nem recebendo informações que poderiam desafiar ou alargar, de forma crítica, suas visões de mundo.

Além da horizontalização do espaço público, as redes sociais viabilizadas pela internet são descentralizadas, dada a conectividade entre entidades estudantis, movimentos sociais e coletivos, a proliferação das chamadas organizações de "perímetro aberto" – com facilidade de entrar e de sair e com critérios porosos de pertencimento – e o questionamento contínuo das autoridades hierarquizadas do poder público, disseminando, estimulando a ideia de auto-organização. Pelas críticas, controles recíprocos e troca incessante de informações em tempo real, muitos participantes das redes sociais creem na possibilidade de uma vida em grupo sem a necessidade de uma autoridade central – o que tem sido visto nas ocupações de escolas públicas por estudantes do ensino médio.

Quando redigi o prefácio do livro sobre política e jornalismo, o que se esperava da imprensa é que cumprisse de modo equilibrado e responsável o papel de iluminar e enfatizar a importância do mundo público. O que se esperava é que atuasse como um mecanismo de articulação política fundamental ao processo de conversão do pluralismo de valores políticos em decisões coletivas legítimas. Com as novas tecnologias de comunicação eletrônica, a imprensa enfrenta dificuldades para atuar como ponte entre os leitores e o mundo, é certo, ainda que permaneça como memória e espécie de consciência deles. Por sua vez, a internet vai despertando todo tipo de devaneio político – inclusive os mais radicais, como os de inspiração libertária e anarquista. Se isso está gerando formas originais e consequentes de experimentação democrática ou se vem estimulando aventuras autoritárias e um ativismo político irresponsável, essa é outra questão.

2. VERDADE NA INTERNET

José Eduardo Faria

A multiplicação de inverdades apresentadas como fatos legítimos se tornou corriqueira na internet. Por constituir um poderoso instrumento de comunicação e troca de opiniões em tempo real, a internet tem exercido forte impacto no espaço público da palavra e da ação, permitindo a crítica à autoridade centralizada e hierarquizada, disseminando o ideal da auto-organização e fomentando as mais variadas aspirações, utopias, sonhos e experimentalismos políticos. Contudo, quais são a qualidade e a precisão das informações e a legitimidade de suas fontes? Mobilizações políticas promovidas via internet fortalecem compromissos firmados entre representantes e representados? Ou comprometem a qualidade dos debates, polarizando o eleitorado e, por consequência, minando a representatividade democrática?

Por simplificar e muitas vezes falsificar a realidade, mediante insinuações, especulações, narrativas fraudulentas e uma cultura digital construída com base em critérios de marketing político, a internet exponencia os riscos da apresentação – como estadistas – de políticos medíocres e venais, viabilizando aventuras populistas fundadas em achaques, difamações e teorias conspiratórias apresentadas sob a forma de jornalismo. A internet abriu caminho para novas formas de ação política e de ativismo, é certo. Entretanto, isso permite a tomada de decisões políticas consequentes e responsáveis? Ou as mobilizações propiciadas pela internet, por serem em sua maioria pontuais, inconsistentes e limitadas, confundem ou enganam, abrindo caminho para decisões imediatistas e inconsequentes? Diante do volume avassalador de informações cujas fontes e veracidade são difíceis de ser verificadas, a internet tende a levar os cidadãos comuns a perder a capacidade de entender e avaliar a realidade política. A multiplicação de analistas simbólicos e pensadores midiáticos, os chamados *fast thinkers*, acabam levando esses cidadãos não a pensar e refletir, mas a ver o mundo com base em estereótipos.

Como consequência, em vez de uma opinião pública constituída, o que há é a massificação das audiências e uma redução da democracia de um conjunto de valores e processos a um emaranhado de regras procedimentais que permitem a políticos profissionais e aventureiros populistas oferecer alternativas edulcoradas, simplificadas e enganadoras aos eleitores. Por tabela, há uma redução da vida política a uma espécie de mercado no qual esses cidadãos têm sua vontade e percepção condicionadas por quem detém o monopólio da produção de sentidos e de expressão do mundo social. Com isso, o espaço público da palavra e da ação não é mais um espaço de liberdade e reflexão, no qual os cidadãos podem exercer suas faculdades críticas e definir interesses comuns. Ele é convertido num espaço em que cidadãos volúveis e influenciáveis são reduzidos ao papel de consumidores; um espaço de entretenimento em que esses cidadãos se comportam como expectadores, divertindo-se ou se indignando conforme a capacidade de manipulação de corações e mentes de marqueteiros, pastores de igrejas midiáticas, ativistas comunitários, populistas aventureiros e blogueiros sujos. Para eles, o que importa é uma lógica imediatista, pragmática e pouco sensível a ideias de tolerância, reconhecimento e equilíbrio, que tem mais a ver com o consumo do que com a construção de uma vontade coletiva, por meio de diálogos e compromissos ativos. A identidade coletiva não desaparece, é certo, porém, tende a perder seu caráter universalista. A própria ideia de lei como regra abstrata, geral e impessoal é substituída por emaranhados de regulamentações jurídico-administrativas de caráter instrumental e circunstancial.

Num cenário incerto e cambiante como esse, em que as redes sociais aumentam o acesso às informações na mesma proporção em que desorientam, como evitar que processos democráticos complexos cedam lugar para a espetacularização da política e para embates e polarizações baseadas em contraposições simplistas e maniqueístas? As respostas são muitas. No caso específico da internet, é preciso resistir à perigosa tentação de regramento do que é publicado. O que é necessário para enfrentar os segmentos irresponsáveis e radicais das redes sociais não é burocracia nem mais regras, mas o reconhecimento constitucional da liberdade de uso e acesso à rede associado a uma educação informática dos cidadãos, para que se conscientizem da importância da busca de novas referências e de fontes diversificadas de informações.

Com relação à imprensa convencional, por mais que enfrente dificuldades para atuar como ponte entre os leitores e o mundo, dado o avanço das novas tecnologias de comunicação, ela ainda tem papéis importantes a exercer. Um é continuar atuando como memória dos leitores, estabelecendo conexões entre acontecimentos, reatando fios partidos e enfatizando detalhes aparentemente menores. Por causa da velocidade com que são transmitidas e de suas simplificações, as informações via internet são sempre presentificadas – ou seja, não têm passado nem futuro. Outro papel é aumentar a capacidade de identificação da veracidade e coerência das afirmações e justificativas de políticos, candidatos e dirigentes governamentais, para assegurar a qualidade do debate público e afastar o risco do reducionismo dos embates políticos a uma luta entre o bem e o mal, por um lado, e o risco de que notícias manipuladas e mentirosas acabem tendo uma audiência maior do que notícias verdadeiras. Como as mídias alternativas, a imprensa tradicional também é vulnerável a erros de avaliação e falhas de perspectiva.

Acima de tudo, não se pode esquecer que, sem respeito à verdade factual e contenção de inverdades apresentadas como fatos legítimos, não há discussões democráticas capazes de converter representatividade em efetivas alternativas de poder.

3. A LIBERDADE DE EXPRESSÃO NA INTERNET: DA UTOPIA À ERA DAS PLATAFORMAS

Mariana Giorgetti Valente

A "revolução digital" é uma revolução tecnológica, mas também econômica, social e cultural. Em 1994, os *backbones* da internet[1] foram privatizados e surgiram os primeiros provedores comerciais. Com isso, graças aos protocolos livres e à arquitetura em múltiplas camadas e distribuída[2], qualquer pessoa que tivesse um computador

---

1. *Backbones* são a infraestrutura central de transporte no sistema mais amplo de infraestrutura. Literalmente, é a espinha dorsal de uma rede.
2. Ver J. Abbate, *Inventing the Internet*, p. 182. Na sua detalhada reconstrução da história da internet, Jane Abbate aponta como esse desenvolvimento esteve ligado à arquitetura descentralizada que permitia a qualquer pessoa se tornar um nó (e cujo desenvolvimento esteve ligado a fins militares), e também à abertura dos protocolos de comunicação, o que permitia que qualquer pessoa pudesse estudá-los e construir aplicações em cima deles.

podia se conectar à rede mundial de computadores e, por meio dela, acessar páginas para ler notícias, conversar com pessoas do mundo todo em bate-papos, participar de fóruns onde estavam pessoas com aquele mesmo interesse específico, enviar e-mails para familiares distantes e participar da blogosfera, na qual começariam a despontar importantes comunicadores. As inovações foram paulatinas: em 1996, o ICQ começou a se popularizar em vários países como meio de comunicação instantâneo e, anos depois, foi substituído nessa função pelo MSN Messenger; redes sociais como o Orkut, aplicações para compartilhamento de arquivos como o Napster, *websites* de debate de temas diversos e compartilhamento de notícias como o Reddit, serviços de compartilhamento de vídeos como o YouTube, de construção de conhecimento como a Wikipédia, de compartilhamento de imagens como o Flickr. Em 2018, as empresas conhecidas como Gafam – Google (na verdade, Alphabet), Amazon, Facebook, Apple e Microsoft – de acordo com a Forbes, são as empresas com maior valor de mercado do planeta[3]. A disponibilidade de informação e possibilidade de participar nela não têm precedentes; o mercado para essa informação e as suas possibilidades de gerar riquezas, tampouco.

Não há nenhuma chance de o direito à liberdade de expressão não ser afetado nesse processo. Com as tecnologias digitais, as pessoas facilmente transportam conteúdo de um lugar a outro, criam em cima dele, distribuem vídeos, textos e imagens próprios e de outras pessoas. É como se todas as pessoas ganhassem um megafone. Quando a única possibilidade de comunicação era a mídia de massa, caracterizada por Castells[4] como uma mídia de um-para-muitos (ao contrário da internet, que propicia uma comunicação de muitos para muitos), ter acesso ao lugar de falante era muito difícil. Uma pessoa

3. Lista disponível no site da Forbes: <https://www.forbes.com/>.
4. Ver M. Castells, *A Sociedade em Rede. V. 1: A Era da Informação: Economia, Sociedade e Cultura.*

comum, não detentora de meios de comunicação, precisava de muitos recursos ou atuar de forma a chamar muita atenção para colocar sua mensagem na mídia tradicional; no último caso, ainda assim, ela não teria controle sobre como sua mensagem é passada[5].

Ainda que mais de um quarto da população brasileira não tenha acesso à internet, não é forçado afirmar que foi amplamente democratizada a possibilidade de uma pessoa chegar a outras com informações e opiniões. A disputa, hoje, não é por espaço limitado, mas por atenção. Vários sinais são trocados nesse processo: coloca-se um ônus maior no receptor, que pode ter de separar informação desejada de indesejada. É o caso do spam, mas não só: a imensa disponibilidade de informação cria uma sobrecarga informacional. É nessa oportunidade que atuam modelos de negócio baseados na curadoria de conteúdo digital, de notícias a entretenimento[6]. E é também na organização de informação que se desenvolvem e aperfeiçoam sistemas que pretendem mostrar às pessoas o conteúdo mais relevante para elas ou aquilo pelo qual elas mais se interessariam – é o caso dos algoritmos de redes sociais como Facebook e Twitter ou, ainda, dos sistemas de busca como o Google.

Não é difícil entender por que houve um período em que utopias dominaram as formas de se pensar sobre a internet, uma tendência perdurou principalmente nos anos 1990. Um personagem icônico dessa história é o ativista político John Perry Barlow, que faleceu em 2018. Barlow foi um expoente da contracultura californiana nos anos 1970 em diante – escrevia letras para a banda

---

5. Ver J. Balkin, Digital Speech and Democratic Culture: A Theory of Freedom of Expression for the Information Society, *N.Y.U. Law Review*, v. 79, n. 1.

6. É o caso, por exemplo, do Mubi, uma plataforma baseada na seleção, por um time de cinéfilos, de um filme por dia, que os assinantes podem assistir por trinta dias, ou da *newsletter*, Meio, que envia diariamente aos *e-mails* dos assinantes uma seleção de notícias de vários veículos diferentes, separadas tematicamente.

Grateful Dead e foi membro do conselho da comunidade *on-line* Well, um fórum virtual que juntava hackers, herdeiros da contracultura e outros interessados em tecnologia, antes de existir a World Wide Web – e, em 1990, foi um dos fundadores da Electronic Frontier Foundation, uma organização sem fins lucrativos que se dedica até hoje a defender direitos relacionados à internet. Em 1996, enquanto frequentava o Fórum Econômico Mundial em Davos, Barlow escreveu um manifesto que se tornou célebre, a *Declaration on the Independence of Cyberspace*, uma ode à liberdade nos espaços virtuais:

Nossas identidades não têm corpos, portanto, ao contrário de vocês, não podemos estabelecer a ordem por meio da coerção física. Acreditamos que nossa governança emergirá da ética, do egoísmo esclarecido e do bem comum. Nossas identidades poderão se distribuir entre diversas de suas jurisdições. A única lei que todas as nossas culturas constituintes reconheceriam é a ética da reciprocidade. Esperamos ser capazes de construir nossas próprias soluções particulares sobre esses fundamentos. Mas não podemos aceitar as soluções que vocês estão tentando nos impor.
[...]
Vamos nos espalhar pelo planeta de modo que ninguém possa prender nossos pensamentos. Vamos criar uma civilização da mente no ciberespaço. Que ela seja mais humana e justa que o mundo até agora construído por nossos governos.[7]

No livro *From Counterculture to Cyberculture* (Da Contracultura à Cibercultura)[8], Fred Turner, professor de comunicação em Stanford, explora como a construção das ciberutopias foi um longo caminho de diferenciação interna da contracultura dos anos 1970, que passou pela formação de uma corrente que deixou de ver as tecnologias como emblema da alienação burocrática para se tornar a própria superação dela. Nos anos 1990, ninguém

---

7. J.P. Barlow, *A Declaration of the Independence of Cyberspace*. Disponível em: <https://www.eff.org/>.
8. Ver F. Turner, *From Counterculture to Cyberculture: Stewart Brand, the Whole Earth Catalog, and the Rise of Digital Utopianism*.

representava melhor essa junção dos herdeiros do movimento hippie com os empreendedores do Vale do Silício como a revista *Wired* que, fundada em 1993, carregou por anos um otimismo tecnológico exacerbado, tornando-se o emblema da ciberutopias[9]. As páginas da *Wired* ajudariam na produção de uma associação insólita: aquela entre uma meteórica indústria das comunicações digitais com os potenciais revolucionários das redes. Ainda que não uniformemente, politicamente a *Wired* professava ideias libertárias e retóricas que serviriam inclusive à desregulação do mercado de telecomunicações nos Estados Unidos[10].

Para garantir que esse espaço ficasse intacto a tentativas de controle e contenção dos grandes potenciais advindos da descentralização do poder comunicacional, foram sendo desenvolvidas políticas modelo, defendidas por organizações da sociedade civil e por atores privados, como a limitação da responsabilidade de intermediários por conteúdos de terceiros. Uma política que se traduziu também no Marco Civil da Internet brasileiro, a ideia é não incentivar os provedores de aplicações de internet a limitar a expressão dos seus usuários.

Duas décadas depois, a internet cresceu para muito além da elite cultural e econômica que constituía seus primeiros habitantes, para se tornar a forma padrão de comunicação de muitas organizações e negócios e a infraestrutura de novos mercados. E ainda que continue não sendo exagerado dizer que ela é a base para uma descentralização radical do poder de voz – as tecnologias de distribuição e transmissão estão nas mãos de segmentos muito mais diversos na sociedade do que antes –, nesse processo surgiram intermediários da expressão que têm

---

9. De acordo com uma de suas fundadoras, "a geração dos anos 60 tinha muito poder, mas não tinha muitas ferramentas. [...] Nós temos as ferramentas. O crescimento da internet e da voz política das pessoas na internet é prova disso" (ver F. Turner, op. cit., p. 208, tradução nossa).

10. Ibidem, p. 222.

uma natureza de gargalo diferente dos órgãos de mídia. Uma parcela muito significativa da população se comunica e se informa por meio das redes sociais, que são plataformas[11] de conexão entre cidadãos, no entanto se tornaram em si mesmas uma forma nova de intermediação dotada de características e contradições. A maneira como as pessoas se comunicam é pautada pela arquitetura das plataformas – limitações de caracteres, distintas possibilidades de configurações de privacidade, priorizações e exclusões de conteúdos que são diferentes para cada usuário – e pelos termos de uso, um conjunto de normas estabelecido privadamente pelas plataformas e que ditam as regras do que pode e o que não pode naquele espaço.

As redes sociais não controlam previamente quem pode ou não pode falar, porém, seu uso é cada vez mais simplista afirmar pura e simplesmente que no mundo digital todos podem falar e todos podem ser ouvidos. É por isso que quando, em 2018, o Facebook anuncia que está mudando a calibragem do algoritmo que prioriza o que os usuários veem na plataforma[12], a questão vira um tema de debate público. O que as plataformas decidem têm um impacto considerável na comunicação na esfera pública. Nesse caso em particular, a rede social decidiu priorizar comunicações pessoais sobre comunicações a

---

11. Plataformas podem ser definidas como um modelo de negócios que tem como premissa juntar diferentes grupos de pessoas, e isso não é novo – jornais conectavam leitores e anunciantes, por exemplo. As plataformas digitais têm ocupado um lugar tão central porque foi reduzida imensamente a necessidade de se ter infraestrutura física (ver M.W. Van Alstyne; G.G. Parker; S.P. Choudary, Pipelines, Platforms, and the New Rules of Strategy, *Harvard Business Review*, v. 94, n. 4, p. 3), e pela centralidade dos dados nos processos de criação de valor (ver N. Srnicek, The Challenges of Platform Capitalism, *Juncture*, v. 23, n. 4; T. Scholz, *Platform Cooperativism: Challenging the Corporate Sharing Economy*; M.W. Van Alstyne; G.G. Parker; S.P. Choudary, op. cit.). Os negócios são profundamente baseados em efeitos de rede, o que traz intrínseca uma tendência à monopolização, já que mais usuários significam mais valor (ver N. Srnicek, op. cit.).

12. Disponível em: <https://newsroom.fb.com/>.

partir de páginas do Facebook, que podem ser administradas por grupos de pessoas ou por pessoas jurídicas. Algumas dessas páginas são também de organizações de mídia, que perderam parte do alcance que tinham naquela plataforma.

Pensar a liberdade de expressão no ambiente digital da era das plataformas passa por pelo menos três níveis. O primeiro deles não é novo – a garantia da expressão contra a censura por parte do Estado. Conhecimento e informação são instrumentos para cidadãos controlarem seus governos, e não é à toa que governos autoritários por toda parte tentam controlar a internet, bloqueando plataformas e a internet como um todo. No contexto brasileiro, em que não se pode pensar liberdade de expressão sem passar pela ideia de cultura do silêncio sobre a qual falava Paulo Freire, é evidente que possibilidades potencializadas de expressão levantam iniciativas visando ao seu sufocamento. Uma pesquisa do InternetLab, de 2016, sobre como os tribunais brasileiros decidem processos judiciais a respeito de conteúdos de humor na internet revelou que um terço desses processos são movidos por políticos, e com alta taxa de deferimento dos pedidos de indenização (50%, em segunda instância)[13]. Ano após ano, são apresentados projetos de lei no Congresso Nacional com propostas atabalhoadas de responsabilização imediata de provedores de aplicação de internet, de criminalização de cidadãos que se manifestam ou repassam "notícias falsas"[14], e de censura prévia. Em 2017, no

13. Ver D. Antonialli, Indenizações Por Dano Moral Ameaçam Liberdade Para se Fazer Humor na Internet, *Conjur*. Disponível em: <https://www.conjur.com.br>.

14. Por exemplo, os projetos de lei (PL) 9.532/2018, 9.973/2018, 9.884/2018, 9.838/2018 e 8.043/2017, na Câmara; e 218/2018 e 473/2017, no Senado. Em março de 2018, circulou no Conselho de Comunicação Social do Congresso Nacional uma minuta de projeto de lei no mesmo espírito, que gerou uma forte reação social (especialmente por parte da Coalizão Direitos na Rede, que fez publicar uma carta) e acabou sendo abandonado.

contexto da discussão no Congresso Nacional sobre a Reforma Política, foi inserida na proposta e aprovada, na madrugada do dia 5 de outubro, uma medida obrigando provedores de aplicações a remover informações falsas ou ofensas em desfavor de partido, coligação, candidato ou habilitado à candidatura, sem necessidade de ordem judicial prévia, sob pena de serem responsabilizados[15]. Diante da forte reação de entidades de imprensa e de organizações da sociedade civil pertencentes à Coalizão Direitos na Rede[16], a disposição acabou sendo vetada pelo então presidente Michel Temer.

Em um contexto de alta conflituosidade social em torno da política institucional como o atual, o risco de se fazer valer de processos judiciais e iniciativas legislativas para censurar opiniões dissonantes é alto e merece preocupação. Isso não quer dizer que se deve negar o papel do Estado na promoção da liberdade de expressão; Owen Fiss, no livro *A Ironia da Liberdade de Expressão – Estado, Regulação e Diversidade na Esfera Pública*, reconhece, por exemplo, esse papel para os casos em que o discurso pode ter um efeito silenciador, como é o caso do discurso de ódio. Políticas de telecomunicações e de propriedade intelectual podem ter o papel de condutores de aumento de participação ou de estrangulamento e centralização dos debates; se as atividades *on-line* estiverem concentradas em um punhado de aplicações, também o controle centralizado ficará mais fácil. Algumas empresas de aplicações de internet têm tantos usuários e um poder econômico tão grande que entram em quedas de braço com governos inteiros, resistindo judicialmente ou estabelecendo uma espécie de guerrilha a partir de seus modelos de negócio.

Isso nos leva ao segundo nível, que é o das plataformas que servem de intermediárias entre a expressão e a informação entre os cidadãos. Apesar de sua

---

15. O autor foi Áureo Ribeiro, RJ, líder do Solidariedade na Câmara.
16. Emenda Manda Tirar Conteúdo da *Web* em 24h, *O Estado de S. Paulo*, 5 out. 2017.

infraestrutura privada, a natureza das comunicações nessas redes é pública[17], na medida em que o público as usa para interação entre si, seja em interações sobre política, seja sobre cultura, cotidiano, humor; na medida em que, também, o valor dessas redes é tanto maior quanto maior a participação do público – os chamados efeitos-rede. O próprio estudo da liberdade de expressão passa a exigir o estudo das arquiteturas e sistemas regulamentares das plataformas.

A perspectiva de uma comunicação completamente desintermediada não se realizou. Todavia, o tipo de intermediário na comunicação digital é bastante diferente do intermediário da mídia de massa, porque o espaço para novas comunicações é, em princípio, ilimitado. As plataformas compõem hoje um ecossistema de mídia (no qual a mídia tradicional continua a desempenhar centralidade), como um ator a mais, que serve como veiculação dos conteúdos dessa mídia tradicional, comentário e crítica a eles, e formulação de conteúdos e temas novos e alheios. A relação não vem se dando sem conflitos. Uma parcela grande dos veículos tradicionais, em especial os jornais, encontra-se em dificuldades financeiras diante das mudanças de hábitos de consumo de informação, e conforma-se uma verdadeira quebra de braço entre eles e as plataformas. No Brasil, a *Folha de S.Paulo* decidiu, em 2018, deixar de publicar em sua página no Facebook, precisamente após o anúncio de que a plataforma privilegiaria conteúdos de interação pessoal[18]. No mesmo

17. Ver J. Balkin, op. cit.

18. Quando o Facebook anunciou a decisão, a *Folha de S.Paulo* decidiu deixar de publicar conteúdo por meio de sua página naquela rede social. "O algoritmo da rede passou a privilegiar conteúdos de interação pessoal, em detrimento dos distribuídos por empresas, como as que produzem jornalismo profissional. Isso reforça a tendência do usuário a consumir cada vez mais conteúdo com o qual tem afinidade, favorecendo a criação de bolhas de opiniões e convicções, e a propagação das 'fake news'." (Folha Deixa de Publicar Conteúdo no Facebook, *Folha de S.Paulo*, 8 fev. 2018. Disponível em: <https://www1.folha.uol. com.br/>.)

ano, discussões no Parlamento Europeu em torno de uma nova Diretiva de Direitos Autorais se desenvolveram de forma a contrapor interesses de veículos de imprensa e plataformas de internet, por meio da criação do que ficou conhecido como *link tax* – uma contribuição devida pelas plataformas pela utilização de trechos de matérias jornalísticas, numa tentativa de equilibrar as relações no setor. Uma parcela relevante da sociedade civil vem apontando para o risco dessa iniciativa ter impactos na expressão, já que o resultado pode ser a inibição do uso de matérias jornalísticas (uso que, pelo menos em trechos, é em geral autorizado pela legislação) e, portanto, de informação.

Os termos de uso das plataformas se constituem também como um conjunto normativo que efetiva a liberdade de expressão de formas determinadas, de acordo com sua aplicação. As grandes plataformas como Facebook, Twitter e YouTube têm regras proibindo discurso de ódio, com limites diferentes e uma aplicação também diferente. Além disso, seu próprio funcionamento se baseia em priorização de conteúdo (e despriorização de outros), com finalidade não necessariamente de censura, mas de cooptação da atenção, que se converte em ativo econômico[19].

As plataformas digitais vêm sendo também facilitadoras da formação de contrapúblicos subalternos, no sentido cunhado por Nancy Fraser, ou seja, arenas discursivas alternativas, em que membros de grupos não dominantes desenvolvem seus contradiscursos e "formulam interpretações oposicionistas em torno de suas identidades, interesses e necessidades"[20]; formam-se espaços autônomos, em que se desenvolvem temas e vocabulários próprios, e que eventualmente são capazes

---

19. Sobre a cooptação da atenção, ver o interessante livro de Jonathan Crary, *24/7: Capitalismo Tardio e os Fins do Sono*, sobre como o repouso é a última fronteira ameaçada por esse mercado.

20. N. Fraser, Rethinking the Public Sphere: A Contribution to the Critique of Actually Existing Democracy, em Craig Calhoun (org.), *Habermas and the Public Sphere*, p. 67.

de atingir e influenciar a esfera pública dominante, pautando a mídia tradicional. É sem dúvida o caso dos debates em torno do feminismo no Brasil[21]. O potencial dessas plataformas de servir como espaços de pluralização de discursos vem sendo discutido por autores como danah boyd[22], Cass Sunstein e Latanya Sweeney na chave de entender os algoritmos como ordenadores do acesso à informação que merecem uma cuidadosa discussão, pelo papel público que desempenham. É nessa chave que estão inseridas grandes preocupações expressas na esfera pública nos últimos anos sobre o papel das redes sociais nos processos democráticos. Em todo o mundo, grupos de *outsiders* vêm conseguindo romper padrões tradicionais de ascensão política e ganhar espaço e apoio popular, por todo o espectro ideológico; em alguns dos casos, aponta-se que a ascensão teria ao menos como parcial explicação a manipulação da comunicação digital por meio de amplificadores como *bots*, estratégias de desinformação e interferência externa disfarçada por meio das novas mídias. O papel dos Estados e das empresas em agir diante desses desafios exige uma concentração de esforços cuidadosos diante dos riscos que soluções aparentemente fáceis colocam à ampla liberdade de se expressar ideias, e passa por prevenir a concentração econômica, bem como por possivelmente estabelecer estratégias para que nesses espaços se tematizem assuntos públicos e seja garantida a presença de vozes múltiplas[23]. Isso nos leva ao terceiro nível, que é o dos cidadãos.

21. Discutimos a formação de um contrapúblico feminista na internet no Brasil em: M. Machado; M. Lima; N. Neris, Racismo e Insulto Racial na Sociedade Brasileira: Dinâmicas de Reconhecimento e Invisibilização a Partir do Direito, *Revista Novos Estudos Cebrap*, v. 35, n. 3.

22. danah boyd, nascida Danah Michele Mattas (em 1977), é estudiosa de tecnologia e mídia social e adotou o sobrenome materno e a grafia em minúsculas.

23. Em seu livro de 2017, *#Republic*, Cass Sunstein elabora uma série de soluções de âmbito autorregulatório e de regulação estatal nesse sentido, para endereçar algumas dessas questões.

Com a possibilidade de produção e disseminação barata de informação, de fato tornou-se muito mais difícil distinguir entre conteúdo profissional, conteúdo checado, opiniões e distorções, inclusive porque as distinções ficaram menos claras. Contudo as fontes também se tornaram mais plurais, e é preciso um aprendizado para a criação de uma cultura de comunicação nessas novas bases e que garanta uma sociedade democrática plural.

Para além disso, a liberdade de expressão não é somente um direito, como um valor, que se expressa numa cultura política democrática. Uma cultura democrática é muito mais que governança democrática: é também participação democrática em uma sociedade democratizada[24]. A expressão dos cidadãos se liga aos níveis anteriores, o estatal e o privado, mas os transcende. Não é necessário o Estado agir para que posições políticas sejam silenciadas. Turbas de ataques virtuais por parte de cidadãos cumprem o mesmo papel. Assim como ocorre com quase todas as questões atuais, a censura por meio da sociedade sempre existiu, porém a facilidade e rapidez das comunicações nas redes são potencializadores. Instrumentos de comunicação se transformam facilmente em instrumentos de opressão, em uma sociedade de cultura autoritária.

A internet não muda o que é a liberdade de expressão, entretanto altera as condições sociais nas quais as pessoas falam, e isso traz à frente questões que se encontravam dormentes. Como aponta Balkin[25], a questão quanto ao debate de liberdade de expressão não é o que é novo, mas o que se tornou saliente. A possibilidade de ampla participação cultural (e de sua fácil limitação ou supressão) é talvez o que há de mais saliente dentre os aspectos da liberdade de expressão que a internet traz à frente. Quaisquer políticas que se pensem precisam levar em conta como preservá-la.

24. Ver J. Balkin, op. cit.
25. Ibidem.

4. "FAKE NEWS" E AS NOVAS AMEAÇAS À LIBERDADE DE EXPRESSÃO[1]

Ronaldo Porto Macedo Junior

O recente debate sobre como regular e controlar o fenômeno das *fake news* representa um capítulo desafiador e difícil para a liberdade de expressão. Isso é particularmente verdadeiro em países latino-americanos que não contam com uma tradição liberal forte nesse tema. As recentes eleições presidenciais nos Estados Unidos e na França mostraram a importância e os perigos que as *fake news* produzidas com a intenção de fraudar princípios democráticos representam para a democracia. Recentemente, a Alemanha aprovou uma nova lei sobre o assunto que permitiu às autoridades a imposição de duras

---

1. Texto originalmente apresentado no Seminário Latino-americano de Teoria do Direito e Direito Constitucional, realizado na cidade de San Juan, Porto Rico, em junho de 2018.

sanções a agentes como o Facebook, o Twitter e o You-Tube pela disseminação de "conteúdo criminal evidente". Essa legislação possivelmente terá um grande impacto no Brasil. Hoje, os poderes legislativos de muitos países latino-americanos articulam respostas jurídicas capazes de lidar com essa nova questão (em alguns sentidos, trata-se até de uma velha questão!). As discussões sobre as *fake news* conectam questões novas a velhos debates dentro da doutrina da liberdade de expressão. Por um lado, temos tópicos tradicionais como o direito de não dizer a verdade e, por outro, novos tópicos como o uso de robôs para aumentar o efeito das *fake news* em contextos especiais como os últimos dias de uma campanha eleitoral, a produção intencional de discurso de ódio para corromper princípios democráticos etc. O presente artigo tem, portanto, a função de mapear e, posteriormente, criticar algumas das correntes não liberais dominantes tanto no debate brasileiro quanto no latino-americano sobre a regulação das *fake news* e mostrar como remédios propostos para combatê-las podem representar uma ameaça ainda maior para os princípios básicos da livre expressão e da democracia.

O Que Há de Novo Sobre as "Fake News"?
O Conceito e Sua Novidade

Fake news vem se tornado uma expressão muito popular nos anos recentes. Muitos analistas geralmente iniciam seus comentários sobre esse fenômeno enfatizando que a disseminação de notícias falsas não é nenhum evento novo na história. A enciclopédia Wikipédia cita exemplos de "*fake news* antigas" ocorridas no Antigo Egito[2],

2. "No século 13 a.E.C., Ramsés, o Grande, disseminou mentiras e propagandeou a batalha de Kadesh como uma vitória impressionante dos egípcios; ele retratou a si mesmo ferindo seus inimigos durante a batalha nas paredes de quase todos os seus templos. O tratado entre ►

no Império Romano[3] e na Idade Média[4]. Em janeiro de 2018, o papa Francisco salientou ponto de vista semelhante ao sugerir que as *fake news* datam até mesmo do Jardim de Éden[5]. Podem ser invocados muitos outros exemplos (especialmente durante as guerras mundiais) para sugerir que a ação de disseminar intencionalmente informações falsas é uma prática que carrega uma longa tradição histórica.

O conceito encontrado na Wikipédia pode servir como ponto de partida para uma conceitualização mais refinada. De acordo com ela,

As *fake news* são uma espécie de "jornalismo marrom" (*yellow journalism*) ou propagandas caracterizadas pela disseminação deliberada de informações equivocadas ou fraudulentas (*hoaxes*) através da imprensa tradicional e da mídia televisionada, ou de mídias sociais *on-line*. Essas informações falsas são majoritariamente distribuídas através das mídias sociais, mas são periodicamente circuladas através da mídia convencional.

▷ os egípcios e os hititas, no entanto, revela que a batalha, na verdade, terminou em impasse." Disponível em: <https://en.wikipedia.org/wiki/Fake_news/>.

3. "Durante o primeiro século a.C., Otaviano realizou uma campanha de desinformação contra seu rival Marco Antônio, retratando-o como um bêbado, mulherengo e mero fantoche da rainha egípcia Cleópatra VII. Ele tornou publico um documento que se fazia passar pelo testamento de Marco Antônio, no qual se afirmava que Marco Antônio, após sua morte, desejava ser sepultado no mausoléu dos faraós ptolemaicos. Embora o documento possa ter sido forjado, causou indignação na população romana. No fim, Marco Antônio acabou se matando após a derrota na Batalha de Actium ao ouvir os falsos rumores, propagados pela própria Cleopatra, que diziam que ela havia cometido suicídio." Disponível em: <https://en.wikipedia.org/>.

4. "Em 1475, uma notícia falsa circulou em Trento [Itália] afirmando que a comunidade judaica havia assassinado uma criança cristã de dois anos e meio chamada Simonino [ou Simão de Trento]. O resultado foi que todos os judeus da cidade acabaram presos e torturados; quinze deles foram queimados na fogueira. O próprio papa Sixto IV tentou conter a disseminação da história inverídica, mas, a essa altura, ela já se disseminara para além do controle de quem quer fosse." Disponível em: <https://en.wikipedia.org/>.

5. Disponível em: <https://www.nytimes.com/>.

Fake news são escritas e publicadas com a intenção de enganar, tendo como objetivo prejudicar uma organização, entidade ou pessoa, e/ou obter ganhos financeiros ou políticos, frequentemente utilizando manchetes sensacionalistas, desonestas ou absolutamente fabricadas para aumentar a quantidade de visualizações e de compartilhamentos *on-line*, além de ganhos gerados por cliques na Internet.[6]

Não é difícil entender o aspecto geral do que estamos falando. No entanto, devemos assumir que o significado contemporâneo de *fake news* é apenas um sinônimo de informação falsa ou de jornalismo ruim? Acredito que isso seria uma compreensão extremamente simplista do tema. Por um lado, é evidente que as *fake news* dizem respeito a informações falsas, desinformações ou informações fraudulentas. Por outro lado, é importante também reconhecer que o novo contexto social e comunicacional em que essa prática ocorre confere um significado novo e complexo à ação de espalhar informações falsas. Essa é uma novidade essencial em relação às velhas práticas de disseminação de mentiras.

O episódio histórico mais recente e de maior relevância que atraiu a atenção internacional para a importância do fenômeno das *fake news* foi a última eleição presidencial norte-americana. O uso confirmado de um esquema de *fake news* de larga escala pelos apoiadores de Donald Trump, o suposto envolvimento de agentes russos nas eleições, a contratação de produtores profissionais de *fake news* macedônios, o uso ilegal dos dados de usuários do Facebook pela Cambridge Analytica e o uso intensivo de robôs para influenciar as redes sociais mostraram um novo, complexo e perigoso mundo para a democracia e a liberdade de expressão. Esse "episódio complexo" (que pode ser dividido em muitos outros capítulos de igual complexidade) ainda está em andamento. Ele expôs a vulnerabilidade da democracia americana não somente

6. Disponível em: <https://en.wikipedia.org/>. Utilizando definição similar: <https://dictionary.cambridge.org/>.

40

a novos riscos oriundos de outros países, mas principalmente aos desafios sociais e tecnológicos nacionais com os quais a sociedade americana não estava bem preparada para lidar. Há uma clara percepção de que as *fake news* não apenas tiveram um papel relevante no andamento das eleições americanas, como também contribuíram para aumentar a divisão política em polos extremos nos locais onde se disseminaram.

As eleições presidenciais francesas também se tornaram alvo de destaque na mídia internacional logo após a eleição de Trump. Rapidamente, percebeu-se que as *fake news* eram um fenômeno cujo impacto se manifestava com força para além das fronteiras americanas. Quando ainda candidato à presidência, Emmanuel Macron foi o principal alvo da "indústria de *fake news*", que disseminou boatos falsos acerca de sua orientação sexual. O ataque também envolveu o vazamento de e-mails fraudulentos que mostravam supostas evidências de atos criminais realizados pelo presidenciável e sua campanha, incluindo evasão fiscal e fraude eleitoral[7]. O novo significado dessa ameaça à democracia foi claramente visto como um desafio para a maioria das democracias liberais contemporâneas, entre as quais certamente se incluem as latino-americanas, usualmente mais instáveis e vulneráveis.

De uma hora para outra, especialmente nos Estados Unidos, cientistas sociais e especialistas em mídias sociais foram forçados a calibrar seus instrumentos de análise social em torno da produção de um entendimento mais abrangente e profundo sobre tais acontecimentos que envolviam o funcionamento da democracia de massas, das mídias sociais, e de todo processo de produção e reprodução de crenças sociais e políticas. Algumas das dimensões mais centrais desse novo contexto são corretamente sintetizadas por Timothy Garton Ash. Em seu livro *Free Speech – Ten Principles for a Connected World*, o autor

7. Disponível em: <https://en.wikipedia.org/>.

mostra como diversos fenômenos interconectados estão interligados às *fake news* tal como elas hoje se manifestam.

Cosmópolis

De acordo com Ash, o novo contexto de comunicação das *fake news* ocorre numa Cosmópolis. Para ele,

Cosmópolis é o contexto transformado para qualquer discussão sobre livre expressão nos nossos tempos. Cosmópolis existe na interconexão dos mundos físicos e virtuais e é, portanto, tomando emprestado uma frase de James Joyce em Finnegans Wake, "urbano e global". [...] um homem publica algo em um país e um homem morre em outro. Alguém faz uma ameaça de violência nesse outro país e uma performance ou publicação é cancelada naquele. De uma maneira perturbadora também somos todos vizinhos.[8]

É fácil reconhecer como esse fato afeta as *fake news* comumente produzidas em territórios estrangeiros (Rússia, Macedônia etc.), como mostra a eleição de Trump.

Essa dimensão das *fake news* na Cosmópolis traz muitos desafios jurisdicionais sobre como regular e garantir a eficácia da lei sobre esta nova prática. Existe hoje em dia um intenso debate sobre a atitude que poderes privados como Google, Facebook e WhatsApp devem adotar face às demandas dos Estados. Um caso paradigmático entre a Google e a China estava em questão quando esta empresa decidiu sair do país por não concordar com as leis e requisitos do governo chinês. Tal episódio deu origem a dois questionamentos interconectados, apontados por Ash:

Em primeiro lugar, como uma plataforma ou meio transnacional decide em qual país ele está? Em 2000, quando a Yahoo foi instruída pela corte francesa a remover de seu *website* acessível globalmente alguns objetos nazistas à venda, o vice-presidente da Yahoo exclamou: "Ok, quais leis devo seguir? Temos tantos países

8. G.T. Ash, *Free Speech – Ten Principles for a Connected World*, p. 27-28.

e tantas leis, mas apenas uma internet". "Apenas uma internet" foi a suposição otimista da época. Na segunda década do século xxi, o problema é se ainda existe "apenas uma internet" – ou se estamos rapidamente construindo não meramente uma internet com fronteiras, mas uma internet fatiada, contendo redes distintas como a Chinanet, Russianet, Brazilnet e assim por diante. A segunda questão é se "leis" do direito norte-coreano têm o mesmo sentido utilizado ao nos referirmos às leis suecas. Não deveriam as companhias fazer uma distinção entre Estados onde as leis são promulgadas por um legislativo democraticamente eleito – apesar de sujeito a um lobismo intenso, notavelmente de empresas – e interpretadas por um Judiciário independente, e Estados onde, a exemplo da China, as palavras "lei" e "regulação administrativa" podem ser utilizadas de forma intercambiável?[9]

Situações como essa mostram outro elemento de novidade das *fake news* hoje em dia.

A Internet e o Cidadão Como um Autor

A segunda grande diferença no contexto em que as *fake news* contemporâneas ocorrem está relacionada às mudanças sociais e comunicacionais produzidas pela tecnologia e, especialmente, pela internet.

Quais são as oportunidades mais características da internet? De maneira simples: é mais fácil tornar as coisas

9. Ibidem, p. 63. O autor continua: "Em outras palavras, para distinguir entre os lugares onde você tem pelo menos um ideal (embora degradado na prática) daquilo que o pai-fundador americano John Adams chamou de "um governo de leis e não de homens", daqueles em que tanto a tradição histórica como a prática corrente são, como o estudioso Simon Leys afirma ao sumarizar Confúcio, "o governo dos homens e não das leis". Uma posição coerente é a de que deveria haver uma presunção de legitimidade para as leis das democracias de Estado de direito, mas não para as das ditaduras sem lei. Isso pode facilmente ser proclamado como teoria, no mundo real, todavia, não se trata de uma simples dicotomia, preto e branco – à esquerda, a ovelha do império da lei, à direita, as cabras sem lei –, mas sim uma escala móvel, com muitos países localizados em algum ponto no meio. E o exercício prático de tal princípio implica escolhas difíceis tanto para os governos como para as empresas."

públicas e mais difícil mantê-las privadas. O primeiro tem um potencial liberador muito grande, especialmente para a liberdade de expressão; o segundo abriga um potencial opressivo, inclusive uma ameaça à liberdade de expressão. Se um Estado ou uma empresa sabem tudo o que nós dizemos a qualquer pessoa, seremos menos livres[10].

A internet, portanto, representa tanto oportunidades de liberação como de opressão e controle dos indivíduos e da liberdade de expressão.

Também é importante notar que a internet transforma todo cidadão em um "potencial produtor de notícias ou de opiniões". Por um lado, isso oferece uma oportunidade liberadora e democrática para milhões de pessoas tradicionalmente excluídas das raras oportunidades disponíveis, nas quais apenas poucos conseguem expressar suas opiniões por meio da imprensa, TV ou rádio. Por outro, essa explosão de novos canais de interação social, especialmente por meio das mídias sociais, tem criado novas esferas de comunicação social imunes a qualquer cultura ou éthos forte, similares à ética de imprensa ou a ética jornalística comumente encontrada na maior parte dos países democráticos. Os paradigmas jurídicos, morais e éticos relativos à comunicação pública e mídia se desenvolveram e foram compartilhadas lentamente durante décadas em que a prática jurídica, a educação jornalística institucionalizada (especialmente pelas faculdades de jornalismo) e debates públicos ocorreram. Tais práticas fixaram padrões de civilidade, compromisso com a verdade e responsabilidade que de muitas maneiras ainda regulam o éthos profissional na mídia nos países democráticos[11]. Não há uma "cultura

10. Ibidem, p. 29.

11. Ver W. Lippmann, *Public Opinion*, p. 203. Excelente descrição do tipo de crença no compromisso com a verdade que lentamente se construía durante o século XIX na Europa e nos Estados Unidos. "Essa crença, persistente e antiga, de que a verdade não é auferida com esforço, mas inspirada, revelada, fornecida gratuitamente, aparece de forma muito clara em nossos preconceitos econômicos como leitores de jornais. ▶

do compromisso com a verdade" similar já em funcionamento nas mídias sociais.

A Nova Luta Pelo Poder

O novo cenário criado pela internet e pela tecnologia também mudou as dimensões da luta pelo poder e de seus participantes mais importantes. O número de envolvidos em casos como os das eleições de Trump e de Macron é imenso. Por detrás da cena existe uma pletora de organizações internacionais, governos nacionais, companhias, engenheiros, meios de comunicação, campanhas de massas físicas ou virtuais através das redes sociais, todos competindo em um jogo multidimensional que se realiza em diversos níveis. Esse sistema complexo também entrelaça negócios, política, direito, regulação e o rápido desenvolvimento de tecnologias de comunicação.

Lawrence Lessig identifica quatro diferentes tipos de restrições agindo em qualquer ponto do sistema de informação global: (a) o direito; (b) o mercado; (c) as normas e (d) a arquitetura da internet. De acordo com ele, "o código é a lei", significando que "o software e o hardware (isto é, o "código" do espaço cibernético) que fazem do

▷ Esperamos que o jornal nos sirva com a verdade, por mais não lucrativa que seja tal verdade. Em troca desse serviço difícil e muitas vezes perigoso, que reconhecemos como fundamental, até recentemente esperávamos pagar a menor moeda em circulação. Acostumamo-nos agora a pagar dois ou três centavos nos dias de semana e, aos domingos, para uma enciclopédia ilustrada e com um espetáculo de vaudevile anexo, nos enganamos até pagar cinco centavos (*nickel*) ou mesmo dez centavos (*dime*). Ninguém pensa sequer por um momento que deveria pagar por seu jornal. Ele [o público leitor] espera que as fontes da verdade entrem em ebulição, mas não aceita nenhum contrato, legal ou moral, que envolva qualquer risco, custo ou problema para si mesmo. Ele pagará um preço nominal quando lhe for conveniente, parará de pagar sempre que isso também lhe for conveniente, e recorrerá a outro jornal quando isso lhe for conveniente." (Apud E. Bucci, *Pós-Fatos, Pós-Imprensa, Pós-Política: A Democracia e a Corrosão da Verdade*, Palestra para o Ciclo Mutações em 2017, Rio de Janeiro, 3 out., e Belo Horizonte, 4 out.).

ciberespaço o que ele é, também regulam como ele é"[12]. Ash usa uma metáfora útil para descrever a arena onde ocorre a luta pelo poder através do ciberespaço[13]. Para ele, governos são os cachorros, as companhias são os gatos e nós somos os ratos[14].

Os Estados Unidos continuam sendo o maior cachorro, já que ainda ocupam a posição de país mais importante do mundo, além de serem o domicílio das plataformas globais de comunicação eletrônica mais utilizadas. A sua influência na Cosmópolis é grande, pois a doutrina americana da liberdade de expressão é normalmente seguida pelos "grandes gatos" (Facebook, Google, YouTube etc.). Já que os Estados Unidos adotam a tradição da liberdade de expressão mais liberal do mundo, seu impacto nas jurisdições estrangeiras é imenso. Como um efeito colateral, a reação das sociedades menos liberais ao seu forte impacto não surpreende. As respostas a ele, contudo, são ambivalentes; às vezes os padrões liberais americanos são aceitos e incorporados, outras vezes são rejeitados. No Brasil, essa ambivalência está presente em muitas decisões judiciais sobre liberdade de religião[15]. Acredito que a reação às regulações das *fake news* atualmente tendem a ser muito menos liberais e mais punitivas, como mostrarei posteriormente nesse artigo.

A China é provavelmente o segundo maior cachorro e o único país apto a custear todo um sistema capaz de

---

12. Ver L. Lessig, *Code is Law: On Liberty in Cyberspace*. Disponível em: <https://www.harvardmagazine.com/>.

13. Ver T.G. Ash, op. cit., p. 36. "O ciberespaço não é um estado separado e unitário, com suas próprias leis, tribunais e polícia, mas tampouco é simplesmente uma colcha de retalhos de jurisdições nacionais. É algo intermediário, com muitas formas vivas de vida – uma realidade confusa inadequadamente impressa por rótulos como 'governança de participação múltipla' (*multistakeholder*) ou 'comunidade da Internet'".

14. Ibidem, p. 35.

15. Ver R.P. Macedo Jr., Freedom of Expression: What Lessons Should We Learn from US Experience?, *Revista Direito GV*, 2017, v. 13, n. 1, p. 274-302. Disponível em: <http://dx.doi.org/>. Artigo original apresentado na Conferência do SELA de 2017, em Quito.

bloquear, filtrar e direcionar informação que os grandes gatos podem processar[16]. Isso é uma característica muito importante, já que em nenhum outro país do mundo as medidas de censura draconianas adotadas pelo governo chinês estariam completamente disponíveis.

Google, Facebook e Twitter não são países e não possuem a autoridade formal de criar leis como Estados soberanos. Além disso, seus líderes não são responsáveis pelos seus usuários como governos democráticos o são em relação aos seus eleitores. Não obstante, são empresas gigantes de informação e sua capacidade de interferir com a liberdade de informação e expressão é maior que a da maioria dos Estados nacionais. Esses gatos reinam sob um regime excessivamente frouxo de responsabilidades ou controle público e social. Eles exercem imenso poder sobre esses "espaços públicos de propriedade privada", tendo, portanto, grande responsabilidade pelas causas e efeitos das *fake news*.

Muitos poderiam argumentar que a propriedade privada de canais de televisão, estações de rádio e jornais tradicionalmente desempenharam um papel importante e geralmente partidário na política europeia[17] e latino-americana, inclusive na disseminação de *fake news*. Mesmo que esses agentes tradicionais ainda retenham sua relevância no contexto político contemporâneo, na sua função e impacto na Cosmópolis estão mudando. Neste novo contexto as mídias sociais tendem a desempenhar

---

16. "Para fazer isso, o Estado-partido tem uma burocracia vasta e multifacetada de censura e propaganda." (Ver T.G. Ash, op. cit., p. 49.)

17. "Um dos motivos pelos quais Silvio Berlusconi manteve o poder político na Itália por tanto tempo é que ele possuía as emissoras de televisão privadas de maior audiência e também conseguia exercer forte influência nos canais de tv públicos. Isso em um país onde mais de 80% dos entrevistados disseram ter recebido notícias sobre a campanha eleitoral de 2008 pela televisão." (Ibidem, p. 62). Em muitos outros lugares, o Estado ou as forças políticas dominantes controlam direta ou indiretamente as companhias que mais influenciam o que pode ser dito, visto ou ouvido naquele território.

papel mais importante, contrabalanceando a antiga soberania absoluta da grande mídia. Usualmente, a mídia tradicional tem valor importantíssimo para garantir confiabilidade das notícias e facilitar a verificação dos fatos sempre que houver alguma suspeita de *fake news*.

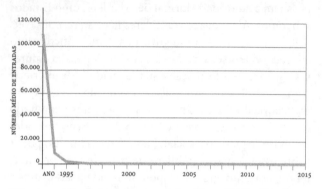

Número médio de usuário por website. *Fonte: NetCraft and Internet Live Stats, 2014. Apud* ASH, *p. 65.*

Como mencionado anteriormente, na Cosmópolis todo cidadão (ou *netizen* – cidadãos da rede – como alguns especialistas de mídia preferem chamá-los agora) pode ser um autor, jornalista ou um editor. Teoricamente, a um custo muito baixo todos podem divulgar palavras, imagens ou sons que chegarão a bilhões de outras pessoas ao redor do mundo. Algumas histórias extremamente raras parecem confirmar o mito de que a audiência mundial está disponível a todos. No entanto, como enfatizado corretamente por diversos estudiosos, "a facilidade técnica da autodivulgação produz uma cacofonia à *la* Torre de Babel, onde, na realidade, amplia-se ainda mais a dificuldade da voz de um indivíduo ser ouvida"[18].

---

18. Ibidem, p. 65. Como ilustra a figura abaixo, a Universo Online (UOL) tem um "longo rabo" de indivíduos comunicando com um número pequeno de outros indivíduos – ou apenas com eles mesmos.

Esse cenário é importante para entender por que o uso de *fake news* pode ser uma estratégia de baixo custo não só para manipular diretamente a opinião pública e os consumidores, como também para servir como uma ferramenta eficiente para aumentar o alcance de alguma informação. Um exemplo muito simples do uso dessa estratégia foram as *fake news* publicadas em um jornal em Portugal alegando que a cantora Madonna embarcou num voo TAP para Lisboa na classe econômica[19]. Foi provado que a informação era falsa, mas ainda sim serviu para promover a companhia aérea, que fazia inserções publicitárias sempre que a falsa notícia aparecia no Facebook.

O Efeito da Câmara de Eco:
O Novo Contexto de Reprodução de Opiniões

Outra dimensão muito importante da troca de informação na Cosmópolis e os potenciais riscos e oportunidades para uma sociedade de valores plurais está relacionada ao "efeito da câmara de eco". Tal fenômeno tem chamado a atenção de muitos cientistas sociais e psicólogos.

É óbvio que a internet e as mídias sociais abriram e facilitaram de formas inimagináveis o acesso a uma grande quantidade de informação, livros, imagens, vídeos, que não estava disponível anos atrás. No entanto, ainda não está clara qual é a reação das pessoas da Cosmópolis diante de tamanha abundância e pluralidade de informações[20].

Quanto esforço seria empregado na busca do "pluralismo externo" das visões políticas na internet? As pessoas

Um blogueiro chamado Randi Mooney comenta modestamente que a maior parte dos *blogs* são uma forma de "publicação vaidosa".

19. Disponível em: <https://www.jn.pt/>.

20. Ver *Combating Fake News: An Agenda for Research and Action*. Conferência ocorrida entre 17-18 fev. 2017, organizada por M. Baum (Harvard), D. Lazer (Northeastern), e N. Mele (Harvard). Disponível em: <http://www.sipotra.it/>.

processam sua dose diária de informações a partir de um viés limitado e preconceituoso que apenas reforça opiniões já estabelecidas? Ash formula a questão da seguinte maneira:

Sabemos a partir de experiências amargas que você pode ter diversidade midiática em escassez, mas será que podemos tê-la em excesso? A hiperdiversidade representa uma ameaça à esfera pública bem-informada da mesma forma que o monopólio político e comercial o fazem? Aqui notamos novamente o perigo de as pessoas se voltarem para suas pequenas câmaras de eco, seu "Eu diário", onde elas encontram apenas opiniões que reforçam seus próprios preconceitos, baseando-se em fatos ou factoides.[21]

Aqui também se verifica a novidade deste fenômeno social que traz um novo significado político em potencial para a ação de disseminar falsas informações.

Cass Sunstein sugeriu que a internet pode, na prática, contribuir para o que ele chama de polarização de grupos[22]. Longe de serem confrontadas com uma diversidade de visões contrárias, como se esperaria num ideal de esfera pública liberal, as pessoas procuram comunidades minoritárias de pensamento semelhante. Esse comportamento é comum entre extremistas políticos e identificável em vários nichos (*clusters*) de simpatizantes radicais de Donald Trump.

É importante reconhecer que essas evidências estão longe de serem conclusivas quando utilizadas como dados para recomendar possíveis medidas de combate às *fake news*. Por um lado, ainda não se tem certeza da existência de algum tipo de processo de aprendizado social capaz de criar incentivos para que as pessoas não confiem

21. T.G. Ash, op. cit., p. 208.
22. Ver C. Sunstein, *2007: Republic.com 2.0*, p. 114-117. Ver também: D. Spohr, Fake News and Ideological Polarization: Filter Bubbles and Selective Exposure on Social Media, *Business Information Review*, v. 34, n. 3, p. 150-160; C. Sustein, *2009: On Rumors: How Falsehoods Spread, Why We Believe Them, What Can Be Done*.

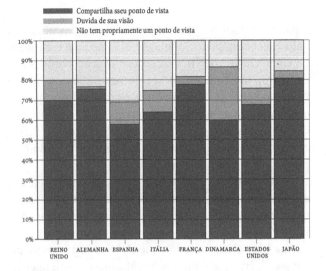

PREFERÊNCIA POR MÍDIA IMPARCIAL.
Os entrevistados foram perguntados "Pensando nos diferentes tipos de notícias disponíveis, você prefere que elas...?" E ofereciam as três opções mostradas no gráfico. Ver T.G. Ash, op. cit., p. 209.
Fonte: Adaptado de Newman et al. 2013.

cegamente em tudo que leem ou veem nas mídias sociais e adotem uma atitude de maior cautela e prudência na checagem de fatos de modo a evitar a disseminação das *fake news*. Por outro lado, há indícios de que há algumas preferências pelo pluralismo[23] que poderiam ser satisfeitas

23. Ash nos dá informações sobre isso: "Cerca de dois terços dos entrevistados por uma pesquisa conduzida pelo Instituto Reuters Para o Estudo do Jornalismo, da Universidade de Oxford, em vários países desenvolvidos, em 2013, disseram preferir notícias que não têm 'nenhum ponto de vista particular', enquanto o outro terço ficou dividido entre os 11% que buscam notícias que 'desafiam sua visão' e os 23% que desejam notícias que 'compartilham seu ponto de vista' (ver figura 13). Então, quase quatro em cada cinco entrevistados expressaram uma preferência por ouvir opiniões diferentes das suas. Preferência por mídia imparcial. Os entrevistados foram perguntados 'Pensando nos diferentes tipos de notícias disponíveis, você prefere que elas...?' E ofereciam as três opções mostradas na figura." (Ver T.G. Ash, op. cit., p. 209). Fonte: Adaptado de Newman et al. 2013.

a partir de algumas mudanças no algoritmo utilizado pelo Facebook, pelo Google etc[24]. O recente escândalo da Cambridge Analytica durante a eleição presidencial de Trump já tem provocado algumas mudanças, como visto nas respostas oficiais dadas por alguns dos "gatos", especialmente o Facebook. Algumas delas envolvem parcerias com ONGs especializadas em checagem de fatos, comprometidas a combater de forma rápida os ataques provocados pelas *fake news*[25].

O contexto no qual as *fake news* se inserem hoje em dia é radicalmente diferente de outros contextos históricos quando notícias falsas eram intencionalmente propagadas. Por essa razão, é muito artificial e até enganador afirmar que as *fake news* se tratam de fenômeno histórico muito antigo. De fato, elas representam informações fraudulentas com a intenção de enganar. Entretanto, essa informação se situa no complexo cenário da Cosmópolis. É provavelmente esse o motivo oculto pelo qual portugueses[26] e franceses[27], famosos por seu nacionalismo linguístico, têm hesitado em traduzir o termo *fake news* em suas línguas nativas, e têm frequentemente preferido a expressão inglesa ao se referir a essa prática "na Cosmópolis".

Perigos Reais e Propostas Legislativas Perigosas

Espalhar *fake news* como o voo de classe econômica de Madonna a Lisboa ou a notícia de que uma baleia foi avistada na praia de Copacabana provavelmente não causa nenhum dano, além de servir de entretenimento à curiosidade de alguns usuários do Facebook. No entanto, a fabricação profissional de *fake news* sobre políticos em

---

24. Disponível em: <https://www.theguardian.com/> e <https://www.searchenginejournal.com/>.
25. Disponível em: <http://idgnow.com.br/>.
26. Disponível em: <http://www.jornaleconomico.sapo.pt/>.
27. Disponível em: <http://www.lemonde.fr/>.

uma disputa apertada por um cargo eletivo pode causar um dano grande e evidente à democracia. De acordo com algumas das evidências mencionadas, as *fake news* não só podem contribuir com a polarização política de uma sociedade, como aumentar um sentimento de intolerância e frustrar o processo eleitoral.

É interessante notar que, até agora, alguns dos maiores casos de *fake news* e eleições são sobre os Estados Unidos, a França e o Reino Unido (esse durante o Referendo Brexit), países que compartilham de instituições e tradições democráticas bem consolidadas[28]. Por essa razão, não é uma surpresa que a recente legislação alemã sobre as *fake news* e o discurso de ódio se apresente como um paradigma para muitos países europeus[29] e latino-americanos para o combate às más consequências advindas das *fake news*. Seria o modelo alemão um exemplo a ser seguido?

De acordo com a Netzwerkdurchsetzungsgesetz – NetzDG (Lei para melhorar a aplicação do direito nas mídias sociais), a nova legislação aprovada contra os crimes de ódio e *fake news* nas redes sociais, quando os usuários reportarem conteúdo potencialmente ilegal, caberá às próprias empresas de mídia social verificarem a sua natureza e rapidamente o eliminarem caso se trate de conteúdo ilegal[30]. Se tais exigências não forem atendidas, as empresas ficam sujeitas a multas de até cinquenta milhões de euros.

---

28. European Commision, *Fake News and Online Disinformation*. Disponível em: <https://ec.europa.eu/>.

29. Disponível em: <https://www.techdirt.com/> e <https://www.politico.eu/>.

30. "Um dos pontos centrais do Act to Improve Enforcement of the Law in Social Networks (Network Enforcement Act) (Lei para Melhorar a Aplicação da Lei nas Redes Sociais) é o seguinte: tratar das reclamações sobre conteúdos ilegais

(1) O provedor de uma rede social deve ter procedimentos eficazes e transparentes para lidar com reclamações sobre conteúdo ilegal de acordo com as subseções (2) e (3). O provedor deve fornecer aos usuários meios facilmente reconhecíveis, diretamente acessíveis e permanentemente disponíveis para o envio de reclamações sobre conteúdo ilegal.

Para os legisladores que aprovaram a nova lei trata-se de um passo importante para combater o crime de ódio e punir legalmente as *fake news* nas mídias sociais. Operadores de plataforma são agora obrigados a eliminar o conteúdo legalmente punível a partir do momento em que se tem conhecimento sobre isso.

Para muitos críticos, essa abordagem que autoriza os operadores de plataforma a apagarem os conteúdos é inadequada. As maiores críticas dirigidas à lei destacam a existência de: (a) dificuldade em descrever o significado de *fake news*, e se isto implica na existência de um dever de sempre dizer a verdade; (b) risco de se produzir um efeito silenciador ao se transferir para o provedor o ônus e os riscos de decidir o que será considerado *fake news*. Isso criaria um incentivo conservador e não liberal para que os provedores passassem a censurar conteúdos para se proteger dos riscos de serem multados; (c) natureza não liberal da legislação, que está em consonância com o ânimo político do populismo dominante que busca oferecer respostas punitivas e criminais ao problema, em vez de usar

---

(2) Esses meios devem assegurar que o provedor da rede social: 1. tome nota imediata da queixa e verifique se o conteúdo relatado na queixa é ilegal e sujeito a remoção ou se o acesso ao conteúdo deve ser bloqueado; remova ou bloqueie o acesso a conteúdo que seja manifestamente ilegal no prazo de até 24 horas após o recebimento da reclamação; isso não se aplicará se a rede social obtiver um acordo com a autoridade competente que estipule um prazo mais longo para excluir ou bloquear qualquer conteúdo manifestamente ilegal, 3. remover ou ▶ ▷ bloquear o acesso a todo o conteúdo ilegal imediatamente, entendido como em até sete dias após o recebimento a reclamação; o prazo de sete dias pode ser excedido se (a) a decisão sobre a ilegalidade do conteúdo depender da falsidade de uma alegação factual ou estiver claramente dependente de outras circunstâncias factuais; nesses casos, a rede social pode dar ao usuário a oportunidade de responder à reclamação antes de a decisão ser proferida; (b) a rede social submeter a decisão relativa à ilegalidade a uma instituição de autorregulação reconhecida, nos termos das subsecções (6) a (8), no prazo de até sete dias após a recepção da reclamação e concordar em aceitar a decisão dessa instituição." Disponível em: <https://www.bmjv.de/>.

abordagens menos ofensivas à liberdade de expressão[31] e (d) dificuldade de lidar com os desafios jurisdicionais típicos da Cosmópolis como a disseminação de *fake news* por provedores localizados fora da Alemanha.

Finalmente, o Estado entra em um território perigoso quando ele decide direta ou indiretamente o que é falso e o que é verdadeiro. Acredito que há argumentos filosóficos fortes em defesa à livre expressão contra esse poder. Delegar o mesmo poder a agentes privados (gatos) para decidir o que é falso e o que é verdade coloca a regulação alemã no mesmo caminho perigoso.

O Brasil não tem uma tradição liberal forte de liberdade de expressão. Por essa razão, não é surpreendente encontrar vários projetos de lei sobre as *fake news* que diretamente violam direitos de liberdade de expressão garantidos pela Constituição. A jurisprudência brasileira sobre o assunto é ambígua e oscilante, ora se posicionando a favor de uma interpretação protetiva da liberdade de expressão, ora se posicionando de forma perigosamente restritiva. Um exemplo desta ambivalência pode ser constatado em recente decisão do Supremo Tribunal Federal sobre a constitucionalidade de dispositivos da Lei de Imprensa, promulgada durante o regime militar. Nesta decisão (ADPF 130-7/DF) o plenário do tribunal, adotando um posicionamento mais liberal, reafirmou os princípios de liberdade de expressão declarando a inconstitucionalidade de muitos artigos da referida lei[32]. A opinião majoritária relatada pelo ministro Carlos Ayres Britto declarou que o artigo 16 da Lei de Imprensa violava a Constituição. Tal dispositivo expressamente criminalizava *fake news* e considerava o ato de "publicar ou espalhar notícias falsas" uma ofensa criminal[33].

---

31. Uma crítica similar ao direito alemão é feita por T.G. Ash. Disponível em: <https://www.straitstimes.com/>.

32. Brasil, Lei n. 5.250, de 9 de fevereiro de 1967. Disponível em: <http://www.planalto.gov.br>.

33. Art. 16 – Publicar ou divulgar notícias falsas ou fatos verdadeiros truncados ou deturpados, que provoquem:

I – perturbação da ordem pública ou alarma social;

O Tribunal Superior Eleitoral (TSE), por outro lado, em junho de 2018, adotou um viés mais repressivo, determinando a retirada de notícias falsas sobre a candidata à presidência da República Marina Silva. O TSE acolheu o pedido da Rede Sustentabilidade e determinou a retirada da internet de matérias publicadas em *sites* que afirmavam que a pré-candidata do partido estava envolvida em esquemas de corrupção. As *fake news* constavam em links publicados em 2017[34].

O mesmo TSE, em 18 de julho de 2018, adotou posicionamento provisório que reforça as ambivalências em pedido feito pelo PDT visando retirar reportagens que divulgavam material negativo contra o candidato do partido à Presidência da República, Ciro Gomes. A ministra do TSE, Rosa Weber, negou cinco pedidos de liminares para retirar os vídeos que acusavam o candidato de ter admitido que implementaria o socialismo no país, que o classifica de "frouxo", outro que afirmava que "o caso de Ciro Gomes com as drogas está cada vez mais grave", e uma reportagem sobre codinomes mencionados em planilhas da Construtora Odebrecht, relativos a eventuais pagamentos de propinas a políticos. Em sua decisão, a magistrada adotou posicionamento mais liberal sobre o significado de *fake news*, afirmando que a Corte Eleitoral considera como fato sabidamente inverídico "aquele

---

II – desconfiança no sistema bancário ou abalo de crédito de instituição financeira ou de qualquer empresa, pessoa física ou jurídica;

III – prejuízo ao crédito da União, do Estado, do Distrito Federal ou do Município;

IV – sensível perturbação na cotação das mercadorias e dos títulos imobiliários no mercado financeiro.

Pena: De 1 (um) a 6 (seis) meses de detenção, quando se tratar do autor do escrito ou transmissão incriminada, e multa de 5 (cinco) a 10 (dez) salários-mínimos da região.

34. Dois desses *sites* afirmavam que: "Leo Pinheiro diz que Marina recebeu propina da OAS" e "Caetano (Veloso) defendeu Marina, que recebeu propina da OAS, Odebrecht e de Eike Batista". As postagens estavam vinculadas ao *site* Imprensa Viva, parceiro do *site* no Facebook.

que não demanda investigação, ou seja, aquele que é perceptível de plano". Destacou também que:

> Vale lembrar que a liberdade de expressão não abarca somente as opiniões inofensivas ou favoráveis, mas também aquelas que possam causar transtorno ou inquietar pessoas, pois a democracia se assenta no pluralismo de ideias e pensamentos. É natural que pessoas públicas, como o notório pré-candidato, estejam sujeitas a maior escrutínio por parte da opinião pública, o que não revela, por si só, violação dos direitos da personalidade[35].

Recentemente, outras autoridades brasileiras decidiram tomar medidas mais fortes contra as *fake news*. No ano passado, o Tribunal Supremo Eleitoral (TSE) e a Advocacia-Geral da União, alarmados pelos escândalos de *fake news* nos Estados Unidos envolvendo o Facebook, decidiram criar uma força-tarefa para combater as *fake news* nas eleições de 2018[36]. Com o mesmo intento e preocupação, o presidente do TSE criou o Conselho Consultivo sobre Internet e Eleições[37], cujo maior objetivo é discutir e criar medidas para combater as *fake news* durante o período eleitoral[38]. Várias destas medidas possuem clara abordagem repressiva e visam eliminar tais conteúdos das mídias sociais.

Há, no Congresso Nacional, muita margem para que se adote ideias não liberais no combate às *fake news*. Entre os 23 projetos apresentados sobre o assunto até junho de 2018, o proposto pelo senador Ciro Nogueira (PP/PI) é representativo da corrente dominante entre os políticos ligados ao assunto: não liberal e fortemente punitiva. Nogueira propõe uma emenda ao Código Penal para que se criminalize os seguintes comportamentos:

---

35. Disponível em: <https://www.jota.info/>.
36. Disponível em: <https://www1.folha.uol.com.br/>.
37. Portaria do Tribunal Superior Eleitoral n. 949, de 7 de dezembro de 2017. Disponível em: <http://www.justicaeleitoral.jus.br/>.
38. Disponível em: <https://pt.globalvoices.org/>.

Art. 287-A – Divulgar notícia que sabe ser falsa e que possa distorcer, alterar ou corromper a verdade sobre informações relacionadas à saúde, à segurança pública, à economia nacional, ao processo eleitoral ou que afetem interesse público relevante. Pena – detenção, de seis meses a dois anos, e multa, se o fato não constitui crime mais grave.

§ 1º – Se o agente pratica a conduta prevista no *caput* valendo-se da internet ou de outro meio que facilite a divulgação da notícia falsa: Pena – reclusão, de um a três anos, e multa, se o fato não constitui crime mais grave.

É curioso notar que a interpretação textual de tal projeto possivelmente criminalizaria muitas recomendações religiosas como "masturbação faz mal à saúde" ou "Deus proíbe comer carne de porco". Há evidências do aumento de esforços similares de criminalização e adoção de uma abordagem mais estrita e punitiva acerca das *fake news* na América Latina[39]. As respostas populistas ao fenômeno, aliadas a uma incompreensão da dinâmica de troca de informações da Cosmópolis, à falta de uma cultura de liberdade de expressão e à ausência de conhecimento sobre alternativas às medidas punitivas representam uma nova ameaça à liberdade de expressão na América Latina. Deste modo, se as *fake news* já representam uma doença que ameaça a democracia, é certo que muitos remédios defendidos para o seu combate podem representar perigos ainda maiores em face de sua ameaça à liberdade de expressão.

■ ■

Há muitos desafios relacionados ao combate às *fake news*. Em primeiro lugar, alguns deles estão relacionados à inadequada compreensão da novidade representada por elas. *Fake news* não representam apenas uma versão contemporânea da prática de espalhar mentiras. Elas são um

39. Disponível em: <http://tiinside.com.br/>.

fenômeno que precisa ser entendido a partir do contexto da Cosmópolis tecnológica que tentei esboçar.

Além disso, ainda que existam casos claros e fáceis nos quais nenhuma dúvida séria surge sobre o conceito das *fake news*, há muitos outros que necessitam de uma análise mais sofisticada que exige um aparato conceitual igualmente sofisticado, ainda raro na cultura jurídica latino-americana[40]. Exemplos de tais dificuldades podem ser encontrados em situações em que as notícias requerem alguma interpretação, em que haja alguma dúvida sobre o seu significado ou a falta de precisão sobre o contexto em que se ocorreu a comunicação. Ademais, em muitos casos não é tão simples diferenciar uma opinião de uma falsa descrição de um fato, já que a ironia e exageros são comumente utilizados em nossa linguagem cotidiana. Some-se a isto o fato de que com frequência jornais, blogueiros e internautas simplesmente utilizam manchetes "falsas, parciais, fraudulentas ou exageradas" para fisgar leitores. Nestes casos, devem os censores prestar atenção às manchetes ou aos textos completos que as seguem? Como esses casos devem ser interpretados? Há fortes razões para suspeitar que não há respostas fáceis ou imediatas para tais questões.

Finalmente, está longe de ser óbvio que há sempre um dever de dizer a verdade, especialmente entre os "jornalistas não profissionais" que escrevem em páginas no Facebook. Por um lado, é importante lembrar que o conceito de verdade é controverso. Mesmo em áreas nas quais o conhecimento científico é usualmente aceito, podem existir profundas discordâncias sobre fatos históricos, como, por exemplo, a ocorrência e o contexto de uma batalha que resultou em um massacre. Por outro lado, parece absurdo acusar alguém de disseminar *fake news* por afirmar Deus criou o mundo em sete dias.

---

40. Ver R.P. Macedo Junior, op. cit.

Um segundo difícil e interessante problema diz respeito às formas de disseminação da informação. Durante as campanhas eleitorais na França e nos Estados Unidos, o uso intenso de robôs que amplificaram e multiplicaram o impacto das notícias, maximizando a artificialidade e o efeito enganador, mostrou-nos uma nova dimensão das possibilidades tecnológicas da internet. As respostas mais eficazes a isso e a outros avanços tecnológicos que podem aumentar os efeitos das *fake news* provavelmente também virão da matriz tecnológica. No admirável mundo novo da Cosmópolis, proibir não é o suficiente. É necessário verificar se é possível e tecnologicamente viável garantir o *enforcement* de proibições, multas ou desincentivos antes de criá-las através do direito. Além disso, especialmente nas eleições francesas, as organizações altamente eficientes em checagem de fatos (*fact-checking*) provaram ser um antídoto muito poderoso contra as *fake news*, e possivelmente evitaram muitos dos efeitos colaterais negativos implicados nas estratégias punitivas mais populares entre os políticos (especialmente entre os mais populistas).

Em terceiro lugar, ainda não está claro como o fenômeno das *fake news* irá influenciar a democracia moderna. Por um lado, algumas evidências apontam para o fato de que as *fake news* podem ter uma grande influência dentro de algumas comunidades específicas, especialmente aquelas vulneráveis aos efeitos das câmaras de eco. Por outro lado, há um processo educacional em curso que ensina a população geral a ser mais prudente e cautelosa diante das informações encontradas nas redes sociais[41]. Ao lado disso, o combate às *fake news* pode ser feito através de mecanismos de checagem de fatos[42], mudanças

41. Exemplo de iniciativas similares podem ser encontradas no Brasil. Disponível em: <https://www.opendemocracy.net/>, <https://www.nexojornal.com.br/> e <https://www.revistaforum. com.br/>.
42. Ver A. Gonzalez; D. Schulz, Helping Truth with Its Boots: Accreditation as an Antidote to Fake News, *The Yale Law Journal Forum*. Disponível em: <https://www.yalelawjournal.org/>.

nos algoritmos das redes sociais[43], organização de grupos especializados em oferecer rápidas respostas às *fake news* durante as campanhas eleitorais[44] e, por fim, a opinião de que é melhor combater informações ruins ou falsas com mais e melhores informações[45] ao invés de adotar estratégias punitivas e de censura que sempre carregam riscos altos de cerceamento da liberdade de expressão. Esse risco é particularmente vívido nos países latino-americanos, que ainda têm uma longa estrada a ser percorrida para consolidar uma cultura democrática e de defesa da liberdade de expressão.

43. Um tema que merece atenção especial é como fazer com que os algoritmos e regulação interna (o "código") adotados pelos grandes gatos sejam mais responsabilizados pelo controle social e político. Isso definitivamente representa um grande tópico sobre democracia e internet e seu escopo e limite além do assunto da regulação das *fake news*, já que afeta o funcionamento de um sistema inteiro de comunicação na Cosmópolis.

44. O Facebook criou um mecanismo que marca informações que podem ser contestadas por terceiros. Ainda não é claro o quão eficiente ele pode ser em estimular uma atitude mais cautelosa e prudente das pessoas em relação às *fake news*. O Google Chrome também criou algo similar. A criação de listas de *fake news* também pode mitigar as consequências da disseminação das *fake news*, especialmente em contextos sensíveis como campanhas eleitorais polarizadas. É evidente, no entanto, que ainda é necessária uma maior pesquisa para que se avalie corretamente se essas estratégias são capazes de oferecer respostas razoáveis às ameaças das *fake news*.

45. Sobre o estado de pesquisas a respeito de *fake news*, ver D. Lazer et al, The Science of Fake News, *Science*, mar. 2018, v. 359, n. 6.380, p. 1094-1096. Disponível em: <https://science.sciencemag.org>.

5. LIBERDADE DE EXPRESSÃO E PRECONCEITO CONTRA HOMOSSEXUAIS. DOIS EPISÓDIOS E MUITA CONFUSÃO

Ronaldo Porto Macedo Junior

Dois episódios envolvendo liberdade de expressão e preconceito contra homossexuais ocuparam as manchetes dos principais jornais do país nas últimas semanas. Entre eles se pode constatar algumas fortes semelhanças, mas também importantes diferenças para a compreensão do difícil tema dos limites da liberdade de expressão.

O primeiro envolveu o cancelamento de uma exposição de "arte LGBT" no museu do Santander na cidade de Porto Alegre (Queermuseu: Cartografia da Diferença na Arte Brasileira). A decisão do banco foi antecedida por protestos de grupos e pessoas – sendo um dos mais salientes o MBL (Movimento Brasil Livre) – contra a exposição, por eles considerada indecente, pornográfica, apologética da cultura gay e da depravação. A decisão da direção do banco provocou também uma dura resposta do curador da exposição. Parte relevante e ruidosa da opinião pública se mobilizou na mídia e nas redes sociais para repudiar o preconceito dos ataques sofridos pela exposição, bem como a tibieza dos diretores do banco responsáveis pelo cancelamento. Cartazes carregados por manifestantes protestaram contra a "censura" preconceituosa à arte e aos homossexuais.

O segundo episódio que gerou intensa repercussão nas mídias sociais foi a publicação da decisão liminar em ação popular proposta com o objetivo de suspender os efeitos da Resolução n. 001/1999, que estabeleceu normas de atuação para psicólogos em questões relacionadas à orientação sexual. O juiz federal Waldemar Claudio de Carvalho deferiu em parte o pedido liminar e determinou ao

Conselho Federal de Psicologia que não interprete-a (a Resolução referida) de modo a impedir os psicólogos de promoverem estudos ou atendimento profissional, de forma reservada, pertinente à (re)orientação sexual, garantindo-lhes, assim, a plena liberdade científica acerca da matéria, sem qualquer censura ou necessidade de licença prévia do CFP [Conselho Federal de Psicologia], em razão do disposto no art. 5º, inciso IX, da Constituição de 1988.[1]

Foi grande a reação de intelectuais e da mídia contra a decisão usualmente descrita como autorizadora da prática da cura gay, amplamente reprovada pela comunidade científica formada por psicólogos e psiquiatras.

Pensemos primeiro nas semelhanças. O primeiro aspecto a destacar se refere ao indisfarçável preconceito existente nas posições homofóbicas pressupostas nas reações dos críticos da exposição de Porto Alegre e na argumentação dos defensores da "cura gay" que festejaram a decisão do juiz federal de Brasília.

---

1. "IX – é livre a expressão da atividade intelectual, artística, científica e de comunicação, independentemente de censura ou licença".

Outra semelhança curiosa reside na alegação de que tanto na decisão do banco Santander de cancelar a exposição, como na tentativa de impedir a livre expressão de ideias sobre o direcionamento sexual dos indivíduos haveria a prática da censura. Medidas judiciais foram tomadas visando impedir o cancelamento da exposição do Queermuseu, sob a alegação de que a suspensão fortaleceria ideias preconceituosas na sociedade contra a comunidade LGBT. Críticos da decisão sobre a Resolução n. 001/99 do CFP também alegaram que "autorizar a cura gay" iria fomentar o preconceito, razão pela qual deveria ser mantida (diante da suposição de que teria sido cancelada pelo juiz), vedando-se tal prática. A bandeira da censura também foi usada para atacar a atitude do banco Santander.

Mas afinal, onde reside a censura? E o que há de incomum nos episódios? Em primeiro lugar, é importante destacar que no caso do Queermuseu, um patrocinador privado cancelou uma exposição e responderá pelos efeitos eventualmente decorrentes da rescisão contratual pelo banco. Divulgou-se a notícia de que a exposição teria contado com 800 mil reais do Santander, que seriam abatidos de impostos através da Lei Rouanet. O banco, porém, teria devolvido o valor aos cofres públicos.

Também podemos afirmar que a decisão é reprovável do ponto de vista moral, estético e político. Contudo, é difícil imaginar que ela seria proibida do ponto de vista do direito. Também o posicionamento dos críticos da exposição me parece perfeitamente protegido pelo direito a sua liberdade de expressão. Afinal, por que não se poderia criticar a arte ou os comportamentos sociais que lhes parecem negativos ou errados? Daí não se segue o endosso a tais opiniões, mas tão somente o reconhecimento de seu direito de expressá-las. Pelo idêntico motivo, a "censura" (aqui entendida como reprovação) pública e política da decisão do banco Santander se reveste da mais plena legitimidade e garantia constitucional.

Já o caso relativo à sentença "que teria autorizado a cura gay" envolve maiores desafios teóricos. Para entendê-los é importante destacar alguns pontos. Em primeiro lugar, deixo de lado a questão processual levantada pela Defensoria Pública da União (DPU) relativa à existência de identidade de objeto com a ação proposta pelo MPF em outra oportunidade, também combatendo a mencionada resolução do CFP. Esta questão processual não afeta o mérito da ação, sobre o qual me limitarei.

Em segundo lugar, é importante destacar que a resolução atacada contém diversos dispositivos, e nem todos se justificam pelos mesmos fundamentos. O texto Resolução do CFP n. 001/1999 é breve e enuncia as seguintes diretivas:

CONSIDERANDO que a Psicologia pode e deve contribuir com seu conhecimento para o esclarecimento sobre as questões da sexualidade, permitindo a superação de preconceitos e discriminações;
RESOLVE:
Art. 1º – Os psicólogos atuarão segundo os princípios éticos da profissão notadamente aqueles que disciplinam a não discriminação e a promoção e bem-estar das pessoas e da humanidade.
Art. 2º – Os psicólogos deverão contribuir, com seu conhecimento, para uma reflexão sobre o preconceito e o desaparecimento de discriminações e estigmatizações contra aqueles que apresentam comportamentos ou práticas homoeróticas.
Art. 3º – os psicólogos não exercerão qualquer ação que favoreça a patologização de comportamentos ou práticas homoeróticas, nem adotarão ação coercitiva tendente a orientar homossexuais para tratamentos não solicitados.
Parágrafo único – Os psicólogos não colaborarão com eventos e serviços que proponham tratamento e cura das homossexualidades.
Art. 4º – Os psicólogos não se pronunciarão, nem participarão de pronunciamentos públicos, nos meios de comunicação de massa, de modo a reforçar os preconceitos sociais existentes em relação aos homossexuais como portadores de qualquer desordem psíquica.
[...]
Brasília, 22 de março de 1999.

O magistrado federal em sua decisão destacou em primeiro lugar a constitucionalidade da resolução[2]. Afirmou:

Conforme se pode ver, a norma em questão, em linhas gerais, não ofende os princípios maiores da Constituição. Apenas alguns de seus dispositivos, quando e se mal interpretados, podem levar à equivocada hermenêutica no sentido de se considerar vedado ao psicólogo realizar qualquer estudo ou atendimento relacionados à orientação ou reorientação sexual.

Em outras, palavras, em tese a resolução não seria inconstitucional. Contudo, a sua equivocada interpretação poderia produzir uma prática violadora da Constituição Federal. Por tal, motivo, entendeu que

a fim de interpretar a citada regra em conformidade com a Constituição, a melhor hermenêutica a ser conferida àquela resolução deve ser aquela no sentido de não privar o psicólogo de estudar ou atender àqueles que, voluntariamente, venham em busca de orientação acerca de sua sexualidade, sem qualquer forma de censura preconceito ou discriminação. Até porque o tema é complexo e exige aprofundamento científico necessário.

Por esse motivo, entendeu o juiz que parte da resolução estaria em desacordo com o princípio da liberdade científica e de manifestação, especialmente aquela que contém disposição

no sentido de proibir o aprofundamento dos estudos científicos relacionados à (re)orientação sexual, afetando, assim, a liberdade científica do País e, por consequência, seu patrimônio cultural, na medida em que impede e inviabiliza a investigação de aspecto importantíssimo da psicologia, qual seja, a sexualidade humana.

Em sua parte final e dispositiva, a decisão garantiu a realização de dois tipos de ação: (a) "a realização de

2. Apelação Cível n. 0018794-17.2011.4.02.5101, 7ª Turma, rel. des. federal Sérgio Schwaitzer, unânime, DJE 11.07.2016. Transitada em julgado em 30 de setembro de 2016.

aprofundamento de estudos científicos" e (b) "o atendimento profissional, de forma reservada, pertinente à (re) orientação sexual".

Apesar de não ter sido objeto precípuo da análise da sentença, caberia também destacar que a resolução se referia também a uma terceira categoria de ação, a saber, (c) "a manifestação pública", ao dispor que: "Art. 4 – Os psicólogos não se pronunciarão, nem participarão de pronunciamentos públicos, nos meios de comunicação de massa, de modo a reforçar os preconceitos sociais existentes em relação aos homossexuais como portadores de qualquer desordem psíquica." Ela proibia expressamente um determinado tipo de pronunciamento público em razão de seu conteúdo.

Acredito que neste caso temos três situações distintas a considerar. Em primeiro lugar, parece óbvio que a proibição de ações que visam a realização de aprofundamento científico não é compatível com o princípio da liberdade de expressão, intelectual e científica. Por este mesmo motivo, a investigação da validade da teoria do flogístico ou da alquimia por algum químico, do criacionismo por algum biólogo ou dos efeitos terapêuticos de determinadas práticas religiosas para a alma humana por algum psicólogo também não poderia ser censurado. Não é necessário receber o apoio do pensamento científico dominante para que se possa realizar pesquisa científica ou de outra natureza. Admitir o contrário seria aceitar as razões que levaram a censura pública das ideias de Galileu e iluministas. Neste ponto, portanto, a sentença tão duramente atacada "no seu todo" por intelectuais e mídias sociais não parece errada ou mal fundamentada.

Em segundo lugar, temos uma questão bem diversa. Podem os psicólogos, no exercício de sua expertise técnico-científica, realizar "o atendimento profissional, de forma reservada, pertinente à (re)orientação sexual", quando entendimento dominante e da categoria responsável pela sua fixação afirma que as terapias visando a "reorientação sexual" se constituem em prática não ancorada no saber psicológico e psiquiátrico?

Aqui também, antes de uma pronta resposta, é necessário fazer nova distinção. Afinal, o que devemos entender pela expressão (re)orientação sexual? Por um lado, não parece polêmico admitir que psicólogos poderão prestar relevante trabalho, ancorado nos cânones das melhores práticas da disciplina, no atendimento de pessoas que possam estar com "dúvidas e angústias" relativas à sua orientação sexual. Talvez o caso mais evidente seria o de atendimento psicológico a homossexuais que vivam dilemas e sofrimentos relacionados a aceitação de sua sexualidade. Por outro lado, a expressão "re" orientação sexual poderá sugerir outra situação, bem distinta. Reside aqui o ponto central da discórdia pública. Isso porque o saber psiquiátrico e psicológico dominante repudia a tese de que a homossexualidade seja uma "doença" que possa ou deva merecer uma "cura". Esse saber recusa tal crença assim como qualifica o pensamento que a defende como desprovido de qualquer base científica aceitável contemporaneamente. Esse é um aspecto central da polêmica. Pensemos num outro exemplo. Pode um paciente que procura um dermatologista em razão de sofrer de grave melanoma ser orientado pelo médico a esquecer as terapias prescritas pela medicina e substituí-las por rezas e usos de cristais fortalecedores dos espíritos? Parece trivial reconhecer que não. O médico quando se expressa na condição de médico, num consultório, deve agir informado pelo saber médico dominante, aceito pela comunidade científica, sob pena de provocar um risco ou dano ao paciente. O mesmo se dá quando o Estado autoriza tratamentos psicológicos ou psiquiátricos. Os profissionais encarregados de realizá-los estão comprometidos com os padrões e paradigmas do que a ciência psiquiátrica reconhece tanto como doença, como também terapia. Se a ciência psiquiátrica, por meio de suas autoridades legítimas, não reconhece a homossexualidade como doença, é evidente que um tratamento com bases científicas psiquiátricas não poderia fazê-lo.

Em síntese, a cura gay, se entendida como o redirecionamento da conduta do indivíduo à heterossexualidade por ser este o único padrão de saúde mental, não poderia ser admitida como uma forma de terapia psicológica autorizada pelo Estado. Admiti-lo seria como permitir que um médico orientasse seu paciente a trocar a medicina pela crendice ou superstição. Nesse ponto, acredito que a decisão judicial foi infeliz e perigosamente ambígua. Se a interpretamos como autorizadora da famigerada "cura gay", certamente ela extrapola os limites para o exercício tanto da liberdade intelectual, de pesquisa e de expressão. O magistrado falhou neste ponto, o que lhe custou forte execração pública.

Note-se que não deve haver limites para o desafio dos cânones da ciência psicológica contemporânea. Isso envolve, inclusive, as condutas que hoje podem ser consideradas supersticiosas, não científicas e inatuais. Contudo, a adoção de padrões de ações médicas e terapêuticas exige o compromisso daquele que se apresenta como médico ou *expert* de ministrar uma terapia de bases científicas e aceitar os *standards* de verdade dominante no seu campo de saber ao praticar esse tipo de ação. A liberdade de expressão do médico no consultório não o autoriza a prescrever terapias com base em crendices e superstições. Semelhante compromisso recai sobre os psicólogos e psiquiatras que lidam com questões psicológicas relacionadas à sexualidade de seus pacientes, em geral pessoas em condição de especial vulnerabilidade afetiva e psíquica.

O terceiro aspecto destacado da resolução do Conselho de Psiquiatria também merece uma análise. Para continuar nosso exemplo, poderíamos perguntar: pode um dermatologista defender publicamente, por exemplo num programa de entrevista, a ideia de que poderosos cristais de cor avermelhada são a melhor cura para melanomas? Poderia um professor de biologia defender o criacionismo em programas televisivos? Poderia um religioso defender a ideia de que a homossexualidade é uma doença? Poderia, por fim, um psicólogo defender semelhante convicção num artigo de jornal? Entendo que sim. O espaço público do debate de ideias se diferencia do âmbito técnico e científico da prestação de um serviço de saúde como na prática da medicina ou da psicologia dentro de um consultório ou hospital. No âmbito do debate público, as ideias, por mais equivocadas e, por esse motivo, potencialmente enganosas e eventualmente perigosas para o processo de "Esclarecimento do Mundo", não podem ser censuradas. Nesse aspecto, é forçoso reconhecer que o Art. 4º da resolução impôs verdadeira censura aos psicólogos e assim feriu a liberdade de expressão. A eventual e hipotética vantagem que a censura poderá representar em contextos muito particulares para a impedir a disseminação de equívocos e preconceitos não é aceitável do ponto de vista dos fundamentos da liberdade de expressão. Neste ponto, que não foi objeto da decisão judicial, é imperioso reconhecer que a resolução foi além do que permite a liberdade de expressão e a própria Constituição brasileira.

A liberdade de expressão é tema complexo demais para nos limitarmos às reações sanguíneas e apressadas que invariavelmente desperta. É dever de todos, e não apenas dos juristas, pensar nas razões para a sua existência, nos contextos de suas práticas e nos seus limites específicos.

6. "FAKE NEWS": LIBERDADE DE EXPRESSÃO OU DEVER DE FALAR A VERDADE?

Ronaldo Porto Macedo Junior

O direito à liberdade de expressão impõe o dever de não mentir ou dizer a verdade?[1] O tema tem sido tratado com certa ambiguidade pela doutrina e jurisprudência brasileiras. Ora se supõe que existe um dever de veracidade por parte do emissor de um conteúdo expressivo, ora se entende que a verdade não faz parte desse dever. Um exemplo paradigmático e sempre lembrado se refere à condenação do negacionismo (a negação histórica da barbárie nazista) discutido no caso Ellwanger, que dividiu o plenário do STF em 2003. Ora se supõe, também, que autores têm liberdade para interpretar fatos históricos.

1. Bento Prado Jr., Não Dizer a Verdade Equivale a Mentir? *Discurso*, São Paulo, n. 15, p. 39-48, dec. 1983. Disponível em: <http://www.revistas.usp.br/>.

Um exemplo recente (2015) se refere à liberdade reconhecida pelo STF aos biógrafos para escreverem a sua versão da história de alguém (ADI 4.815/DF).

A jurisprudência e teoria do direito mais liberal dominante nos Estados Unidos desde há muito têm entendido que a liberdade de expressão é incompatível com o dever de dizer a verdade e com a possibilidade de se censurar a mentira. Mesmo na tradição do direito alemão, menos liberal e fortemente impactado pelo nazismo, tem-se notado algumas modificações importantes acerca da vedação do negacionismo[2].

O tema é amplo e não envolve apenas a complexa questão da verdade, mas principalmente os efeitos da intenção de iludir e mentir. Uma das novas dimensões deste tema tem surgido nos debates sobre as formas de controle das assim chamadas *fake news* (literalmente: notícias falsas). É importante notar que, se por um lado, o problema não é novo, visto que notícias falsas sempre existiram, por outro lado, o seu impacto e a forma como elas podem afetar a própria democracia se alteraram profundamente com a expansão e disseminação das redes sociais e comunicação por meio eletrônico.

Se, no passado, a famosa veiculação da notícia sobre a invasão de marcianos nos Estados Unidos, feita por Orson Welles, gerou certo pânico e produziu, como consequência, uma saudável desconfiança do público com relação a tudo que podem encontrar nos jornais, por outro lado, há estudos indicando que a manipulação deliberada e organizada da mídia pode ter tido impacto relevante nas recentes eleições dos Estados Unidos e França. Também em eleições brasileiras este fenômeno foi verificado, bastando lembrar da ampla divulgação (ainda que em tempos de menor capacidade de disseminação de informações) de falsa notícia sobre as intenções do então candidato à

2. Ver Dieter Grimm, The Holocaust Denial Decision of the Federal Constitutional Court of Germany, em Ivan Hare; James Weinstein, *Extreme Speech and Democracy*, p. 557-561.

prefeitura de São Paulo (1984), Fernando Henrique Cardoso, de incluir maconha na merenda escolar das escolas públicas municipais.

Na Alemanha, foi aprovada recentemente nova legislação sobre *fake news*. Conforme aponta Ricardo Campos, segundo a nova legislação,

> Quanto ao mecanismo de sanção, redes sociais, como Facebook, Twitter e Youtube terão de apagar "conteúdo manifestamente criminoso" dentro de 24 horas após a indicação. Em casos menos claros é fornecido um período de sete dias; dada violação pelas redes sociais desse mandamento, as penas podem chagar em até 50 milhões de euros.[3]

Há várias dificuldades e problemas relacionados à reflexão sobre as formas de regulação do fenômeno das *fake news*. O primeiro problema se refere à própria dificuldade de se definir com clareza o que vem a ser *fake news* (dificuldade semelhante existe com respeito ao conceito de "discurso de ódio"). Evidentemente, num caso paradigmático, *fake news* pode significar uma notícia forjada de forma deliberada para enganar uma audiência e, dessa forma, gerar algum tipo de vantagem econômica ou política indevida. Contudo, há casos limítrofes de difícil enquadramento como, por exemplo, *websites* que veiculam informações parcialmente distorcidas, descontextualizadas, enviesadas ou dúbias. Por vezes, os emissores também recorrem à criação de manchetes que não traduzem o conteúdo das matérias para servirem de isca a leitores desavisados.

Um segundo problema se refere à forma de divulgação. Durante as últimas campanhas presidenciais na França e Estados Unidos, foi constatado o uso de diversos robôs eletrônicos que se encarregavam de multiplicar o

---

3. Transformação Social Motivou Nova Lei Alemã de Internet, *Conjur – Opinião*, 7 set. 2017. Disponível em: <https://www.conjur.com.br>.

impacto da notícia falsa maximizando o seu efeito enganoso. Nesse caso, o que se viu, portanto, não foi a ação individualizada, circunscrita de comunicação de notícia falsa por um particular, e sim a montagem de uma estratégia de comunicação de massa de informações falsas com objetivos políticos violadores do princípio democrático.

Um terceiro e clássico problema diz respeito à própria definição do que é verdade e falsidade, bem como os contextos nos quais se exige um especial cuidado com os critérios científicos de verdade. Sabemos que uma interpretação de um fato histórico pode gerar desacordo na comunidade de historiadores e não seria sensato proibir a publicação de interpretações discordantes dele. Ao mesmo tempo, por um lado, não parece razoável a ninguém proibir a divulgação de que Deus fez o mundo em sete dias apenas porque tal explicação astronômica não encontra respaldo na ciência moderna. Por outro lado, acreditamos que a liberdade de expressão não autoriza um médico contratado para cuidar de uma cardiopatia a afirmar que o seu paciente deveria fazer um tratamento exclusivamente à base de orações e consultas a oráculos.

Em quarto lugar, ainda não sabemos com certeza quais serão as transformações que tal fenômeno pode gerar no mercado de ideias e nos processos democráticos. Se, por um lado, algumas pesquisas preliminares apontam para a grande importância das redes sociais[4] como fonte primária de informação política em países como os Estados Unidos, por outro lado, novas investigações[5] apontam para o fato de que uma grande parcela daqueles que leem e buscam informações nas redes sociais procuram também checar a sua veracidade, consultando outras fontes de notícias sempre que a informação pode ter grande impacto. Ademais, a mesma velocidade de disseminação de informação falsa parece estar presente na sua denúncia

4. Disponível em: <https://web.stanford.edu/>.
5. Disponível em: <https://fakenews.publicdatalab.org/>.

e desmentido. Isso parece ser ainda mais verdadeiro conforme estruturas mais organizadas de disseminação de informação são formadas no campo político, no qual os passos de um candidato ou alguém já eleito são monitorados por seus concorrentes.

Recentemente, observamos o surgimento de outros mecanismos de controle da confiabilidade das informações que circulam na internet e redes sociais. Um deles foi o mecanismo de qualificação das informações que circulam por esses meios eletrônicos. O Facebook, por exemplo, criou um mecanismo pelo qual marca informações que foram contestadas por terceiros (*disputed by 3rd party fact-checkers*) de modo a gerar uma prontidão de acautelamento por parte do consumidor da notícia. Mecanismo semelhante será colocado em prática pelo Google Chrome para chamar a atenção dos usuários que buscam informação através deste navegador. A criação de listas de *websites* divulgadores de *fake news* já tem sido feita e pode também prestar um serviço relevante na mitigação dos efeitos deletérios da disseminação de notícias falsas. É certo, contudo, que novos *sites* são criados diariamente, tornando impossível a listagem completa daqueles que se dedicam a disseminar *fake news*. Ademais, novos problemas já estão prenunciados com respeito aos limites e deveres destes provedores e sistemas de comunicação para fazer tais verificações.

No Brasil, o debate sobre o tema começa a ganhar importância e alguns projetos de lei já começam a sugerir soluções pouco democráticas para tratar do tema, impondo algum tipo de censura ou dever de falar a verdade, o que pode representar uma nova ameaça ao ainda pouco consolidado pensamento nacional sobre a liberdade de expressão.

À primeira vista, por um lado, parece razoável supor que o tratamento jurídico das *fake news* deverá distinguir as responsabilidades envolvidas na afirmação de fatos e a afirmação de opiniões. A proteção de ideias e opiniões faz parte do caso central no qual a liberdade de expressão é mais valiosa e merece ser protegida. É por este motivo que, mesmo nos Estados Unidos, famoso pela forma extrema com que acolhe a liberdade de expressão, se reconhece o dever dos jornalistas de investigar zelosamente uma informação factual antes de divulgá-la. Já a opinião jornalística é mais amplamente protegida. É evidente também que o dever ético do jornalista e do divulgador de notícias não se limita aos seus deveres estritamente jurídicos, aqui discutidos.

Por outro lado, a responsabilização dos criadores de estratégias deliberadas de enganar o público (como a criação de robôs eletrônicos que reproduzem e multiplicam mensagens enganosas) poderão ser controladas, na medida em que forem, de fato, capazes de produzir os resultados deletérios que hoje se lhes atribui (como modificar resultados eleitorais etc.). A correta avaliação destes impactos, contudo, ainda está a merecer mais detido estudo, para que se evitem os discursos alarmistas e precipitadamente defensores de controles da liberdade de expressão que muitas vezes apenas mal disfarçam a velha intenção de censura e restrição desta importante liberdade. Afinal, os recorrentes alarmes sobre os riscos que a democracia corre ao não censurar as "notícias falsas" são frequentemente casos notórios de *fake news*.

7. LIBERDADE DE EXPRESSÃO
E DISCURSO DE ÓDIO NA INTERNET

Mariana Giorgetti Valente

Em 2015, a Polícia Federal e o Ministério Público Estadual de São Paulo abriram uma investigação contra a página na internet chamada "Tio Astolfo". Sem qualquer indicação pública de autoria, a página continha diversos conteúdos misóginos e racistas; ficou amplamente conhecida por publicar uma série de guias especificando instruções para cometer violência sexual contra alunas em diversas universidades do país, em "festas e baladas" e especificamente contra mulheres homossexuais[1]. Em maio de 2018, foi deflagrada a Operação Bravata, da Polícia Federal, que expediu uma série de mandados de busca e apreensão e

1. Ver K. Carneti, Com Dúvidas Sobre Autoria, Polícia Investiga *Site de Apologia ao Estupro "Tio Astolfo", Exame*, 31 jul. 2015. Disponível em: <https://exame.abril.com.br>.

prendeu preventivamente um homem considerado um dos principais responsáveis pelo Tio Astolfo e por outros *sites* de conteúdo misógino, racista e neonazista[2]. O alvo da prisão já havia sido preso por motivos semelhantes em 2013 e, durante anos, ameaçou de morte a blogueira feminista e professora da Universidade Federal do Ceará, Lola Aronovich[3]. Pelas dificuldades em conseguir que a Polícia Federal investigasse seu caso, Lola se tornou uma vocal ativista contra perseguições e manifestações de ódio na Internet. A Lei n. 13.642/18, aprovada pelo Congresso e sancionada pelo presidente Michel Temer em 2018, que estabelece que "crimes praticados por meio da rede mundial de computadores que difundam conteúdo misógino" devem ser investigados pela Polícia Federal e não pelas Polícias Civis, é entendida como fruto desse ativismo e leva seu nome.

Com a Lei Lola, a misoginia, definida como a propagação de ódio ou aversão às mulheres, passou a ser objeto do ordenamento jurídico brasileiro, ainda que em uma lei que apenas estabelece uma atribuição de investigação. O discurso de ódio, embora faça parte do vocabulário utilizado na esfera pública e na academia, não está previsto como tal no direito brasileiro; além da misoginia, a Lei Antirracista (Lei n. 7.716/1989) prevê o crime de praticar, induzir ou incitar a discriminação ou preconceito de raça, cor, etnia, religião ou procedência nacional[4] e outros casos de ódio contra outras populações poderiam ser enquadrados genericamente como crimes contra a honra, incitação ao crime ou apologia de crime, pelo

---

2. Ver F. Macedo; J. Affonso, "Bravata", da PF, Ataca Racismo Virtual, *O Estado de S. Paulo*, 10 maio 2018. Disponível em: <https://politica.estadao.com.br>.

3. Ver J. Vianna; T. Kaniak, PF Prende uma Pessoa em Operação Contra Racismo, Ameaça, Incitação e Terrorismo Praticados na Internet, *RPC Curitiba e G1 PR*, 10 maio 2018. Disponível em: <https://g1.globo.com/>.

4. Reza o art. 20: "Praticar, induzir ou incitar a discriminação ou preconceito de raça, cor, etnia, religião ou procedência nacional. Pena: reclusão de um a três anos e multa". Redação dada pela Lei n. 9.459, de 15 de maio de 1997.

Código Penal. Tramita na Câmara dos Deputados (PL n. 5003/01) e aguarda julgamento no STF desde 2012 (ADO 26) o tema da criminalização da homofobia.

Em outras jurisdições, existem proibições legais ao discurso de ódio como tal, contudo, como Jeremy Waldron explicita, com uma ampla gama de diferentes acepções, contornos e justificações[5], algumas proíbem ameaças, outras a difamação em si, outras o potencial do discurso de levar a consequências discriminatórias para além dele, ou seja, na existência de vínculo causal entre o discurso e um dano exterior a ele. No núcleo convergente, estaria o uso de palavras deliberadamente abusivas, insultantes, ameaçadoras ou inferiorizantes, a membros de minorias vulneráveis, de forma a instigar o ódio contra elas[6]. Paralelamente, discursos direcionados a uma pessoa em particular, mas direcionado a um grupo subalternizado em específico, são também parte do que se entende por discurso de ódio[7]. Os sentidos dados ao termo, no debate na esfera pública brasileira, são relativamente variáveis.

A discussão em torno do discurso de ódio, em nível internacional, não é recente – pelo contrário, ainda que em outros termos, ela se dá ao menos desde as negociações na Conferência das Nações Unidas pela Liberdade de Informação, em 1948[8]. Todavia, as transformações nas formas

5. Ver J. Waldron, *The Harm in Hate Speech*, p. 8.
6. Ibidem, p. 16.
7. A.J. Moreira na obra, *O Que É Discriminação?*, p. 32, lembra, citando Kasper Lippert-Rasmussen, que a discriminação em si independe das características reais do sujeito. "Por exemplo, sabemos que a homofobia é um comportamento hostil contra homens e mulheres homossexuais. Porém, pessoas heterossexuais são vítimas frequentes dessa prática discriminatória. Isso acontece porque um dos seus propósitos é controlar os contornos sociais da heterossexualidade, pessoas heterossexuais estão sendo constantemente vigiadas e obrigadas a se adequar às expectativas sociais referentes a formas de comportamento desejáveis."
8. Ver K. Boyle, Overview of a Dilemma: Censorship versus Racism, em S. Coliver (ed.), *Striking a Balance: Hate Speech, Freedom of Expression and Non-Discrimination*, p. 6. A conferência falhou, mas o artigo ▶

de se comunicar das últimas décadas renovaram o debate, agudizando preocupações e trazendo novos atores à baila. A possibilidade de se comunicar amplamente sem a barreira ou o crivo da mídia tradicional vem possibilitando a rápida difusão de conteúdos discriminatórios, violentos, ameaçadores e colocando pressão nos intermediários das comunicações *on-line*, ou seja, as plataformas digitais[9].

A relação entre internet e grupos sociais subalternizados, também chamados minoritários (em compreensão sociológica e não numérica, ou seja, no sentido de não ser majoritário ou dominante), envolve paradoxos: as redes sociais são grandes aliadas da organização desterritorializada e da possibilidade de desenvolvimento de discursos não dominantes, da mesma maneira que permitem violências desintermediadas e potencializadas pela disseminação instantânea. E, é claro, na internet também vão se manifestar os preconceitos e estereótipos que existem na sociedade e, talvez, de forma mais virulenta, associada ao caráter descorporificado da comunicação *on-line*[10].

▷ 19 da Declaração Universal dos Direitos Humanos de 1948 foi escrito lá; as consequências se fizeram sentir também no Pacto Internacional dos Direitos Civis e Políticos de 1954 (arts. 19 e 20) e na Convenção contra o Genocídio de 1948.

9. Conforme aponta Juliano Cappi, em 2013, o Simon Wiesenthal Center, uma organização não governamental de proteção dos direitos humanos da comunidade judaica de Los Angeles, publicou um estudo indicando que teria ocorrido um aumento em 30% na disseminação de conteúdos discriminatórios no Twitter naquele ano, em relação aos anteriores, por meio do aumento de uso de *hashtags* para compartilhamento de conteúdo de ódio (20 mil *hashtags* em 2013, contra 5 mil em 2012), e perfis ligados a movimentos neonazistas com mensagens de ódio na própria descrição do perfil (ver *Internet, Big Data e Discurso de Ódio: Reflexões Sobre as Dinâmicas de Interação no Twitter e os Novos Ambientes de Debate Político*, p. 51).

10. Apesar do lugar-comum de que a disseminação do ódio na internet estaria ligada ao anonimato, parece-nos que a experiência da descorporificação, e de uma consequente diminuição no sentimento de empatia, tem mais a dizer. Temos observado uma disseminação grande de conteúdos que poderiam ser classificados como odiosos sendo feita por pessoas que não se escondem atrás de perfis falsos ou páginas anônimas – pelo contrário, fazem suas afirmações utilizando o próprio nome.

No livro *O Que É Discriminação?*, Adilson José Moreira argumenta que existem claras relações entre preconceitos, estereótipos e a discriminação:

Certos comportamentos podem ser motivo de violência em função da associação com o comportamento de minorias. A incessante circulação de estigmas que afirmam a inferioridade essencial de minorias corrobora a percepção de que todos os membros de grupos minoritários são inferiores a todos os membros do grupo majoritário, mesmo quando os primeiros têm um *status* cultural e material superior aos segundos[11].

A discriminação, por sua vez, tem um papel central na estratificação social: "práticas discriminatórias acontecem dentro de uma cultura social que permite a construção e circulação de estigmas negativos"[12]. Com isso, não se pressupõe um vínculo causal "forte" ou direto entre um discurso e a estratificação, mas a ideia, defendida por teóricos de estudos raciais críticos (*critical racial studies*)[13] e por autoras feministas, de que o

11. *O Que É Discriminação?*, p. 195. "Preconceitos são avaliações sobre os membros de um segmento social baseadas em generalizações que podem ser verdadeiras em relação a alguns deles, mas que certamente não podem ser estendidas a todos os seus membros por causa da variedade existente entre os seres humanos" (Ibidem, p. 40). Estereótipos, por sua vez, "designam os modelos mentais que dirigem a percepção das pessoas, expressando a internalização de valores e códigos culturais construídos por aqueles que possuem poder" (Ibidem, p. 41). Adilson José Moreira expressa também como esses estereótipos são internalizados no processo de socialização, e que as pessoas agem de acordo com eles mesmo sem ter consciência disso.

12. Ibidem, p. 197.

13. A *outsider jurisprudence*, traduzida como "teoria do direito marginal", é um método jurídico defendido pelos estudos críticos raciais, de acordo com o qual as pretensões jurídicas de universalidade e universalidade não correspondem à experiência particular das pessoas que não pertencem a grupos dominantes, e que a descrição da experiência "from the bottom" (ver M. Matsuda, Public Response to Racist Speech: Considering the Victim's Story, *Michigan Law Review*, v. 87, n. 8, p. 2324) é o que deve ser buscado. Para uma teoria do direito marginal feminista, ver C. Littleton, Equality and Feminist Legal Theory, *University of Pittsburgh Law Review*, n. 48.

discurso produz efeitos de nível cultural e material[14] no mundo[15], desequilibrando a possibilidade de pessoas perseguirem sua dignidade no sentido de realização de suas concepções de boa vida, de pertencimento à sociedade em boas condições e com *status* igualitário, ainda que a causalidade seja difusa[16]. O foco nos efeitos do discurso é uma das abordagens do problema, e que parece adequada por levar em conta as experiências concretas das pessoas que são vitimizadas por ele; há também quem defenda que o foco deva estar na intencionalidade ou, ainda, no conteúdo, e há autores que ressaltam a necessidade de análise de contexto[17]. Apesar das muitas disputas sobre os contornos do conceito, é relativamente assentado que o discurso de ódio é uma conduta, e não uma mera opinião – por isso faz sentido regulá-lo, ainda que a extensão dessa regulação seja objeto de importantes dissensos.

O efeito dessa conduta é intimidatório, e a intimidação em questão depende de muitos fatores contextuais. Quem diria que postar uma imagem de uma lâmpada fluorescente no perfil de uma pessoa nas redes sociais poderia ser uma mensagem intimidatória? Se a pessoa for LGBT e o *post* acontecer no Brasil, certamente é. Em 2010, na Avenida Paulista, em São Paulo, um jovem foi espancado por outros cinco jovens que portavam duas lâmpadas fluorescentes até ficar desacordado, em agressão

14. Ver A.J. Moreira, op. cit.

15. Ver R. Delgado, Words That Wound: A Tort Action for Racial Insults, Epithets, and Name-Calling, *Harvard Law Review*, v. 17; M. Matsuda, op. cit.

16. Ver J. Waldron, op. cit. Um debate relevante sobre as razões e a legitimidade da proibição aos discursos de ódio é aquele que se deu entre Jeremy Waldron e Ronald Dworkin, e que gira em torno de um conceito de dignidade defendido por Waldron. Uma das análises sobre o debate no Brasil pode ser encontrada na tese de C.P. Gross, *Poder Dizer ou Não?: Discurso de Ódio, Liberdade de Expressão e a Democracia Liberal Igualitária*.

17. Ver R. Faris et al., Understanding Harmful Speech Online, *Berkman Klein Center Research Publication*, n. 21. Disponível em: <https://papers.ssrn.com/>.

com clara motivação homofóbica[18]. A lâmpada virou um símbolo de resistência da comunidade LGBT na cidade – formou-se um grupo chamado "A Revolta da Lâmpada", que começou a organizar atos de rua anuais; enquanto isso, usuários de redes sociais começaram a denunciar o recebimento de fotos de lâmpadas como resposta a postagens suas[19]. Muito provavelmente, uma pessoa estrangeira que não conhecesse esse contexto não seria capaz de entender a mensagem de ódio e a ameaça contidas nessa imagem. É evidente o efeito de intimidação e desincentivo à ocupação do espaço público por parte de membros da comunidade LGBT, ou seja, como a conduta de expressão de ódio tem efeitos no exercício de outros direitos; de forma menos direta e mais difusa, a presença desses discursos e sua normalização no espaço público podem trazer à população LGBT graves desvantagens de caráter cultural e material. O discurso de ódio não existe de forma dissociada dos fenômenos relacionados – racismo, sexismo, homofobia, transfobia – e faz, assim, parte de um sistema de dominação social, por influenciar muitos aspectos da vida dos indivíduos[20]. Ligados que estão a estratificações sociais, os discursos de ódio podem ser entendidos como tal quando são direcionados a grupos que se encontram em uma momentânea ou perene de desigualdade de *status* (e contribuem para sua manutenção). Dessa forma, o quanto o efeito é sentindo por esses grupos está ligado a sua situação de subalternização.

É bastante difundida a ideia de que o discurso de ódio coloca um conflito entre o direito à liberdade de expressão e outro direito – a igualdade ou a dignidade. A discussão frequentemente é resolvida por um "balanceamento dos

18. O bando teria dito: "V*** tem que morrer". Ver P. Gomes, Acusados de Ataque Com Lâmpada na Paulista São Multados em R$ 129 Mil, *Folha de S.Paulo*, 17 out. 2018. Disponível em: <https://www1.folha.uol.com.br/>.

19. De acordo com relatos de funcionários de empresas de aplicações de internet que trabalham com políticas de segurança, à autora, em 2017.

20. Ver A.J. Moreira, op. cit., p. 33.

direitos" que não só é problemática em si, como também não corresponde ao problema. Em uma pesquisa realizada entre 1998 e 2010, Marta Machado, Marcia Lima e Natália Neris[21] identificaram que, decidindo sobre os casos de injúria racial e racismo, que em grande parte se referem a insultos raciais, os tribunais brasileiros muitas vezes desconsideram o caráter racial do conflito, e em outros muitos casos decidem que não havia intencionalidade específica de discriminar e ofender raça e etnia. Em suma, as pesquisadoras não puderam identificar critérios para o reconhecimento do conflito racial e o que encontraram foi uma resistência em considerar o insulto racista uma forma de racismo. "O sistema de justiça raramente emite declarações de que o insulto racial constitui um ilícito e não deve ser tolerado socialmente", afirmam as autoras[22]. É comum, também em decisões recentes envolvendo redes sociais, que o discurso racista sequer seja reconhecido como tal pelos magistrados brasileiros, o que faz com que a discussão não chegue a ser posta nos termos de um conflito entre direitos.

Assim, tratar do discurso de ódio de forma abstrata, sem observar como a categoria é mobilizada pelos movimentos sociais, por seus opositores ou pelo Judiciário, coloca o risco de a discussão se tornar etérea, apartada das nossas relações concretas de desigualdade e sofrimento[23].

21. Ver R. Faris, op. cit.

22. As autoras reconhecem também as limitações do próprio direito penal para lidar com o fenômeno racista: a sua força vem de atos anteriores, de cumulação e repetição, mas, no processo, o conflito é individualizado (ver M. Machado; M. Lima; Natália Neris, op. cit., p. 25-6). A dificuldade de responsabilizar um indivíduo e um ato singular por uma prática que é ritualizada é afirmada também por Judith Butler (Ver *Excitable Speech: A Politics of the Performative*), para quem o processo é uma redução de um embate político amplo à forma jurídica e a uma autoridade investida em decidir de forma definitiva.

23. Ver também M. Matsuda, op. cit.; sobre o Brasil em particular, ver L.P. Gabina, *Discurso de Ódio e Jurisdição Constitucional: Uma Abordagem Pragmática*; L.M. Pereira, *Descolonizar o Pensamento Jurídico Sobre os Discursos de Ódio: Desconstruindo a Cultura da Violência*.

Isso leva à importante indagação sobre a densidade e a conveniência da própria categoria "discurso de ódio" no contexto brasileiro. Embora ainda seja necessária mais pesquisa sobre o assunto, há bons indícios de que no Brasil os discursos que causam danos a grupos sociais subalternizados não tenham sido tratados por muito tempo sob a chancela do "discurso de ódio", de forma que a maior parte das discussões importa versões estrangeiras do debate, sem muitas mediações. O Supremo Tribunal Federal, decidindo sobre o caso Ellwanger entre 2002 e 2004[24], considerado paradigma para a posição do STF sobre o discurso de ódio[25], utilizou-se tanto de referências norte-americanas quanto alemãs (princípio da proporcionalidade e da ponderação de princípios)[26] sem que,

24. Siegfried Ellwanger foi condenado por racismo pelo Tribunal de Justiça do Rio Grande do Sul, por um livro que continha conteúdo discriminatório contra judeus e que negava o holocausto; a condenação naquele momento caberia por tratar-se o racismo de um crime imprescritível. Ellwanger impetrou *habeas corpus* (HC 82.424-RS) alegando que judeus não constituem uma raça e, portanto, o crime estaria prescrito, mas teve a ordem denegada.

25. Ver C.P. Gross, op. cit. p. 70.

26. É comum a crítica a como essa ponderação de princípios vem sendo feita de forma simplificada no Brasil. "Qualquer situação que possa ser identificada como um 'caso difícil' é rapidamente identificada como um conflito entre direitos fundamentais, capaz de ser solucionado racionalmente pelo método da ponderação de princípios, ou, no caso do mercado de ideias, por meio da definição do conteúdo da cláusula da liberdade de expressão e de seus 'limites imanentes', quais sejam, o perigo claro e iminente e a artificial diferenciação entre discurso/ação. Discurso de ódio, no Brasil, assume estes contornos: é um problema de direitos fundamentais; esses direitos – liberdade e igualdade – estão em conflito; ou, há certos tipos de discursos que não fazem parte da essência da liberdade de expressão; esse conflito se resolve por meio da ponderação de princípios ou de outra teoria constitucional que forneça o embasamento teórico capaz de garantir, aparentemente, o distanciamento do jurista das demais questões complexas que envolvem o caso, além de alçar a sua tarefa a uma espécie de atividade especial, inatingível pelos demais interessados em resolver o problema." (ver L.M. Pereira, op. cit., p. 103). Ver também críticas de L.P. Gabina (op. cit.), bem como V.A. da Silva em Comparing the Incommensurable: Constitutional Principles, Balancing, and Rational Decision, *Oxford Journal of Legal Studies*, Summer 2011, e L. Streck apud C.P. Gross, op. cit., p. 29.

contanto, se desenvolvesse propriamente sobre a questão em contexto brasileiro de uma forma mais ampla[27].

Hoje, para acrescentar uma camada de complexidade, as plataformas de internet "legislam" sobre o comportamento de seus usuários em seus termos de uso, que determinam o que eles podem ou não expressar ali. Como os termos de uso são globais, as definições que elas desenvolvem começam a ser também circuladas e vão se tornando lugares-comuns, porém o problema tem uma natureza extremamente contextual: variam de local para local tanto a definição de quais são os grupos que podem ser atingidos, quanto a forma como se dão as desigualdades e, portanto, as agressões[28].

A tentativa de criar um conceito para discurso de ódio passa por igualar inúmeras formas de discurso discriminatório contra grupos de minorias, o que nos coloca diante de questões sobre o reconhecimento da discriminação em pauta[29] e, conjuntamente, diante de questões estratégicas.

27. Uma tentativa de fazer frente a esse vácuo jurídico é o Projeto de Lei n. 7.582/14, proposto pela deputada Maria do Rosário (PT/RS), que "define crimes de ódio e intolerância e cria mecanismos para coibi-los". O PL é amplo e estabelece crimes, medidas protetivas e recomendações ao Poder Executivo e aos órgãos do sistema de justiça; define quais são as características protegidas (classe e origem social, condição de migrante, refugiado ou deslocado interno, orientação sexual, identidade e expressão de gênero, idade, religião, situação de rua e deficiência) e, dentre os crimes, estabelece o crime de discurso de ódio: "Art. 5º – Praticar, induzir ou incitar a discriminação ou preconceito, por meio de discurso de ódio ou pela fabricação, comercialização, veiculação e distribuição de símbolos, emblemas, ornamentos, distintivos ou propaganda, por qualquer meio, inclusive pelos meios de comunicação e pela internet, em razão de classe e origem social, condição de migrante, refugiado ou deslocado interno, orientação sexual, identidade e expressão de gênero, idade, religião, situação de rua e deficiência." Agradeço à Natália Neris pela lembrança.

28. Sobre o tema, ver também A. Sellars, Defining Hate Speech, *Berkman Klein Center Research Publication*, n. 20. Disponível em: <https:// cyber.harvard. edu/>.

29. Em um texto clássico tratando de discurso racista, Mari Matsuda se justificou por não tratar ali de discursos de ódio baseados em gênero: "embora eu acredite que essas formas de discurso de ódio devam sofrer ▶

Afinal, o discurso de ódio englobaria características que já encontram uma proteção legal, ainda que haja graves problemas na aplicação desse arcabouço jurídico, e outras que não, como é o caso da orientação sexual.

Nos Estados Unidos, como se sabe, "o balanço é inequivocamente voltado à proteção da liberdade de expressão"[30]; são entendidos como protegidos discursos que na maioria dos outros países são sancionados. A União Europeia e países singulares da Europa vêm adotando uma abordagem muito menos complacente tanto com os discursos quanto com o papel das plataformas de internet em os coibir. Em 2016, a Comissão Europeia assinou um código de conduta (não vinculante) com o Facebook, o Twitter, o YouTube (Google) e a Microsoft, estabelecendo um compromisso delas em explicitar aos usuários quais são os conteúdos não permitidos, em promover iniciativas de "contradiscurso" (ou seja, de combate ao discurso de ódio por meio de discursos em oposição a ele) e em remover o que foi chamado de "discurso de ódio ilegal" – o que assume, veja, que existe discurso de ódio não ilegal – em até 24 horas a partir de uma notificação de qualquer pessoa solicitando a remoção. O código de conduta tomou o cuidado de estabelecer os parâmetros do problema: discurso de ódio ilegal é definido[31] como "toda conduta incitando publicamente à violência ou ao ódio dirigido a um grupo de pessoas ou a um membro desse grupo, definido por referência a raça, cor, religião, descendência ou origem nacional ou étnica", e salienta-se também o respeito à liberdade de expressão, entendida

▷ restrição pública, elas também exigem uma análise à parte, devido à natureza complexa e violenta da subordinação de gênero e da maneira diferente pela qual o sexo opera como um *locus* de opressão." (p. 2332).

30. K. Boyle, op. cit., p. 5.

31. A partir da "Decisão Marco [da União Europeia] 2008/913/JHA de 28 de novembro de 2008, concernente à luta contra certas formas e manifestações de racismo e xenofobia por meio do direito penal e das legislações nacionais que o comportam", que definiu que discurso de ódio é um crime também quando acontece no ambiente *on-line*.

89

inclusive como protegendo discursos que "ofendem, chocam e incomodam o Estado ou qualquer setor da população". De todo modo, discursos de ódio são apontados como não somente danosos àqueles a quem se orientam, assim como tendo efeitos negativos sobre "aqueles que defendem publicamente a liberdade, a tolerância e a discriminação nas nossas sociedades abertas (*open societies*), e como tendo um efeito deletério (*chilling effect*) no discurso democrático nas plataformas *on-line*"[32]. Vale ressaltar que o código de conduta foi desenvolvido a partir do marco dos ataques terroristas em Bruxelas em 2016[33], o que indica uma visão de associação entre discurso de ódio e terrorismo na Europa.

Depois de um ano, a Comissão Europeia informou por meio de um *release* de imprensa[34] que o acordo teria implicado uma mudança na proatividade das empresas em lidar com a questão (apesar de o resultado ter variado muito de empresa para empresa): em média, elas teriam respondido às notificações 59% das vezes, mais que o dobro em relação aos seis meses antes da existência do acordo, e aumentou de 40% para 51% a resposta em 24 horas às notificações – 100% no caso do Facebook.

As grandes empresas que oferecem aplicações na internet e que vêm sendo publicamente pressionadas, podem igualmente ter preocupações genuínas com o tipo de comunicação que ocorre em suas plataformas (e com as reações que anunciantes podem ter ao verem seus produtos associados a determinados discursos), mas, sobretudo, percebem que compromissos negociados dessa forma podem ser mais favoráveis a elas que uma regulação unilateral mais pesada. E a impressão não

---

32. Comissão Europeia, Code of Conduct on Countering Illegal Hate Speech Online. Disponível em: <https://ec.europa.eu/>.

33. Disponível em: <http://www.consilium.europa.eu/>.

34. Ver European Commission – Press Release. Countering Online Hate Speech – Commission Initiative with Social Media Platforms and Civil Society Shows Progress. Disponível em: <http://europa.eu/>.

está equivocada: em 2018, a Alemanha, que em vários setores tem apresentado uma estratégia de regulação forte às plataformas digitais, aprovou uma nova lei para combate ao discurso de ódio na internet[35]. Entre outras determinações, a lei estabelece multas milionárias caso as plataformas não removam em até 24h conteúdos "claramente ilícitos" e que tenham sido notificados: 5 milhões de euros, podendo chegar até 50 milhões em casos extremos ou de repetição. Para os conteúdos cuja ilegalidade é menos clara, o prazo é de uma semana.

O foco nas plataformas de internet é uma estratégia que parte da percepção de que há algo de novo nas formas de se comunicar, e que não somente a responsabilização individual dos agressores por parte do Estado se torna uma atividade fragmentada e pouco eficaz, como as empresas que detêm grandes aplicações de internet estão empreendendo esforços insuficientes na coibição dessas condutas – na versão mais desconfiada, que elas estariam inclusive lucrando com o discurso de ódio, na medida em que ações contra usuários que se engajam nele podem ser impopulares, ou que conteúdos sensacionalistas podem atrair atenção. Existe também implícita uma disputa de Estados com plataformas, receosos do poder que elas adquirem, e muito mais se elas são imunes à regulação, e ainda de diferentes indústrias entre si.

No Brasil, o Marco Civil da Internet (Lei n. 12.965/14) estabeleceu uma limitação de responsabilidade às plataformas em relação a conteúdos ilícitos de terceiros: no seu artigo 19, determinou que os provedores de aplicações de internet são responsáveis por esse conteúdo apenas quando não agem para torná-lo indisponível depois de uma decisão judicial nesse sentido. Ou seja, antes de um juiz determinar a remoção de um determinado conteúdo de uma plataforma, ela não tem responsabilidade – pode removê-lo de acordo com seus termos de uso, mas, se não

---

35. Disponível em: <https://www.bmjv.de/>.

o fizer, não responde por ele. Essa regra de responsabilidade de intermediários foi amplamente debatida quando o Marco Civil da Internet esteve em consulta pública, e a racionalidade por detrás dela era que esse era o modelo mais conducente à liberdade de expressão, porque uma responsabilização dessas plataformas por conteúdo de outras pessoas levaria a políticas de censura prévia ou a incentivos para que elas removessem conteúdos excessivamente, receosas de responsabilização. Duas exceções foram estabelecidas na lei: o caso do direito autoral, que foi remetido para discussão futura e o caso da disseminação não consentida de imagens íntimas – o art. 21 determinou que, nesse caso, a mera notificação da vítima leva à responsabilidade da plataforma, se o conteúdo não for indisponibilizado rapidamente[36]. O Marco Civil da Internet não contém qualquer previsão específica sobre discurso de ódio. Uma argumentação em defesa do modelo vigente seria a de que cabe a um juiz a determinação do que é ódio, já que essa resposta nem sempre é simples, e que fazer das plataformas o árbitro dessa questão não é desejável, inclusive por lhes dar poder demasiado. A Alemanha seguiu na tendência oposta, colocando as plataformas na posição de ter de tomar decisões rápidas, em especial nos casos de ilicitude patente. Decidir se esse modelo conduziu ou não a um bloqueio indevido de conteúdos é algo que vai requerer observação e pesquisa.

As plataformas acabam servindo da mesma maneira como instâncias de decisão em si, a partir de seus termos de uso, que são praticamente as leis que se aplicam a um determinado ambiente *on-line*, mas que são desenvolvidas de forma privada, por vezes com instâncias, nas quais participam grupos da sociedade civil. As grandes plataformas como Facebook e Twitter contam com times

---

36. Fizemos uma discussão dessa política e de seus efeitos no capítulo 3 do livro *O Corpo É o Código*, sobre disseminação não consentida de imagens íntimas (ver M.G. Valente et al., *O Corpo É o Código: Estratégias Jurídicas de Enfrentamento ao Revenge Porn no Brasil*).

de moderadores de conteúdo, que analisam as denúncias feitas por usuários e por vezes conteúdos reportados por processos automatizados; em 2017, a ProPublica, uma organização de jornalismo investigativo norte-americana, divulgou documentos internos do Facebook de treinamento de seus moderadores, o que permitiu entender em detalhes como as regras da plataforma, publicadas de forma bem mais genérica, estavam sendo aplicadas. Como observaram Oliva e Antonialli[37], as regras continham pontos questionáveis: para além de definir as categorias (gênero, identidade de gênero, raça, afiliação religiosa, etnia, origem nacional, orientação sexual, séria deficiência ou doença), estabeleciam que, quando essas categorias eram combinadas com outras não protegidas, a recomendação era a não remoção do conteúdo. Seria o caso de *crianças negras*, ou de *motoristas mulheres* – já que idade e profissão ou ocupação não são categorias protegidas. Contraditoriamente, segundo esse critério, discursos dirigidos a *homem branco* poderiam ser considerados de ódio.

As plataformas têm falado publicamente sobre suas dificuldades em lidar com discurso de ódio e medidas específicas – o Facebook declarou, em 2017, que ia aumentar o número de moderadores de 4,5 mil para 7,5 mil[38], e anunciou, em 2018, políticas muito mais detalhadas sobre o que fica e o que sai da plataforma[39]. Em 2018, também, o Twitter eliminou uma série de contas de usuários norte-americanos de extrema direita, ligadas a discursos de ódio e outros tipos de abuso, inclusive a de Alex Jones e seu *website* Infowars[40]. Várias das pessoas

---

37. Ver T.D. Oliva; D.M. Antonialli, Estratégias de Enfrentamento ao Discurso de Ódio na Internet: O Caso Alemão, *Revista Direitos Culturais*, v. 13, n. 30.

38. Ver R. Allan, Hard Questions: Hate Speech, *Facebook*, 27 jun. 2017. Disponível em: <https://newsroom.fb.com/>.

39. Disponível em: <https://br.newsroom.fb.com/>.

40. Ver Twitter Bans Alex Jones and Infowars for Abusive Behavior, BBC *News*, 6 set. 2018. Disponível em: <https://www.bbc.com/>.

por trás dessas contas suspensas, simpatizantes (e muitos outros usuários) passaram a se encontrar em uma rede social alternativa, chamada *gab*, que se intitula "uma rede social que professa a liberdade de expressão, a liberdade individual e o fluxo livre de informação *on-line*. Todos são bem-vindos"[41]. No *gab,* não há qualquer controle de discurso.

Esse êxodo aponta para as complexidades envolvendo a regulação do discurso pelas plataformas, embora isso não signifique que elas não devam fazê-lo. A responsabilidade por combater discurso de ódio deve ser compartilhada e não só por empresas e pelo Estado, mas também pela sociedade, principalmente por meio da estratégia do contradiscurso, sobre a qual muito se vem discutindo. O amplo compromisso é essencial para que se garanta um ambiente de expressão em que as pessoas mais vulnerabilizadas não sejam censuradas por condutas que atingem sua dignidade e autonomia. Os debates em torno dos três atores envolvem complexidades próprias. Não é simples, porém exige um compromisso que precisa passar por concretizar e compartilhar compreensões sobre o caráter das diferentes desigualdades e os efeitos dos discursos sobre elas.

41. Disponível em: <https://gab.ai>.

8. LIBERDADE DE EXPRESSÃO, ALGORITMOS E FILTROS-BOLHA

Mariana Giorgetti Valente

Tradicionalmente, quando nos referimos às grandes transformações que a internet trouxe pensamos numa comunicação horizontal, de muitos para muitos (na expressão tornada célebre por Manuel Castells), na possibilidade de acesso a uma ampla gama de informações para além da agenda dos meios de comunicação em massa, na possibilidade de emergência de novos atores, cujas vozes não eram consideradas na esfera pública, ou seja, em pluralidade, acesso à informação é uma radical democratização da cultura política.

Em um mundo de eliminação de gargalos e possibilidade ágil e potencialmente ilimitada de distribuição de conteúdos de toda sorte, curadoria é essencial. Podemos falar dos muitos serviços que selecionam notícias de diversas fontes e enviam ao seu e-mail, ou listas de especialistas de todo tipo de produção cultural. Mas o mais importante é que os algoritmos se tornaram uma espécie de curadores do ambiente digital, selecionando para mostrar a um indivíduo, em meio ao oceano de informação, o que mais lhe interessa naquele momento. Algoritmos são instruções dadas a uma máquina para que ela opere uma função. Os algoritmos de seleção dos conteúdos mais importantes em um determinado momento, ou relativos a uma palavra-chave que uma pessoa lhe informa, baseiam-se em dados diversos que já se obteve sobre aquela pessoa, de informações pessoais fornecidas por ela aos *sites* que já visitou, padrão de navegação na internet e padrões de pessoas que apresentam interesses semelhantes aos dela ou que fizeram uma determinada busca por algo em um momento específico do dia, em um lugar específico e uma estação do ano. Os algoritmos aprendem com o comportamento dos usuários, e um bom algoritmo de um mecanismo de buscas como o Google vai mostrar em primeiro lugar um resultado que foi útil para pessoas fazendo a mesma busca, ou seja, aquele em que elas mais clicaram. Se um mecanismo mostra resultados relevantes, os usuários vão procurá-lo mais frequentemente, e seu valor aumenta para anunciantes que pagam para fazer propaganda naquele sistema.

Algoritmos podem também responder não a uma busca específica, como tentar mostrar ao usuário algo que vai lhe interessar mais de uma forma geral. É o caso das grandes redes sociais que conectam um usuário a centenas ou milhares de outras pessoas. Em uma rede como o Facebook ou Twitter, uma das possibilidades de exibição da informação compartilhada por outras pessoas seria a exibição cronológica. Isso não exigiria uma programação muito sofisticada e nem a utilização de grandes quantidades de dados para seleção e organização da informação. Ocorre que um usuário pode ter pouco ou quase nenhum interesse em compartilhamentos de uma ampla gama das

96

pessoas às quais está conectado, e a experiência em uma rede social poderia se tornar assim desinteressante para ele. Diante das amplas possibilidades de utilização de aplicações, as plataformas de redes sociais precisam prender a atenção das pessoas para continuarem sendo interessantes para seus anunciantes – no modelo de utilização gratuita, o sustentáculo é primordialmente a propaganda. O algoritmo vai aprendendo, assim, que tipo de conteúdo mais prende a atenção de um determinado usuário, com quais conteúdos ele interage mais e, inclusive, quais ele rejeita. Com isso, oferece uma experiência cada vez mais personalizada[1].

Se os usuários x e y têm exatamente os mesmos contatos numa rede social, muito provavelmente os conteúdos que são mostrados para um e outro, e a ordem em que são mostrados, é diferente para cada um deles. x pode ser uma pessoa conservadora nos costumes, e y uma pessoa progressista; x interage muito com conteúdos postados por seus contatos conservadores, e por isso eles começam a ser mostrados a ele mais frequentemente. Pode ser que y goste de interagir também com conteúdos conservadores além daqueles com os quais concorda, debatendo e criticando; é possível que, nesse caso, alguns conteúdos daqueles contatos conservadores apareçam mais para ele também. Mas não seria nada improvável que, se y fosse uma pessoa que prefere não se envolver com pensamentos diferentes dos seus, com o tempo ele parasse sequer de saber o que seus contatos conservadores estão postando naquela rede social.

Esse fenômeno vem sendo trabalhado sob pelo menos dois conceitos semelhantes, o de *câmaras de eco*

---

1. Uma das discussões relacionadas é a de privacidade de dados e vigilância. Os algoritmos alimentam-se de dados para categorizar informação, e esses dados vão formando um "dossiê digital" sobre as pessoas (ver D. Solove, *The Digital Person: Technology and Privacy in the Information Age*). Privacidade e liberdade de expressão estão ligadas em muitos níveis, como por exemplo na prática de autocensura ligada a receios de perseguição política.

e o de *filtros-bolha*. Cada um focando em um aspecto da mesma questão, eles consistem na preocupação de que os algoritmos que tentam personalizar a experiência de um usuário de internet tendem a deixá-lo em contato com conteúdos cada vez mais próximos a sua visão de mundo. Há quem se dedique ao estudo do assunto e afirme que esses algoritmos seriam essencialmente os culpados pela polarização e hiperpartidarização que se fazem sentir hoje em distintas sociedades. Mesmo admitindo que as redes sociais têm atualmente um papel central nas formas de comunicação e acesso à informação, essa avaliação parece exagerada: diversos outros fatores têm papéis relevantes nesses fenômenos sociais, políticos e culturais[2].

Na medida em que as redes sociais são um espaço central de produção de discursos nas esferas públicas contemporâneas, não é desprezível o papel que provedores de aplicações adquirem. A pretensa fidelidade dos algoritmos às preferências das pessoas é a primeira das preocupações e não subsiste à mais básica epistemologia[3]. Para além de uma crença positivista nessa fidelidade,

---

2. Ver, por exemplo, P. Ortellado; M. Moretto, O Que São e Como Lidar Com as Notícias Falsas, *Revista Sur*, n. 27. Disponível em: <http://sur.conectas.org/>. Os autores argumentam, com base em dados obtidos por seu Monitor do Debate Político no Meio Digital, que existe uma dinâmica de polarização no Brasil que não está associada unicamente à tecnologia, mas discutem soluções (também) tecnológicas de mitigação.

3. A respeito da pretensa neutralidade dos algoritmos, ver C. O'Neil, *Weapons of Math Destruction* e T. Gillespie, The Relevance of Algorithms, *Media Technologies: Essays on Communication, Materiality, and Society*, p. 177-179: "Os critérios que os algoritmos de informação pública levam em consideração são inumeráveis; cada um deles está municiado com limites para destacar algo nos resultados, posicionar um resultado acima do outro e assim por diante. Portanto, as avaliações realizadas pelos algoritmos sempre dependem de pressupostos inscritos sobre o que importa e como o que importa pode ser identificado [...]. Mais do que meras ferramentas, os algoritmos também são estabilizadores da confiança, garantidores práticos e simbólicos de que suas avaliações são justas e precisas, e livres de subjetividade, erro ou tentativas de influência. Contudo, embora os algoritmos possam parecer automáticos e não intimidados pelas intervenções de seus provedores, essa é uma ficção cuidadosamente elaborada."

os algoritmos levam em conta outros fatores na seleção e hierarquização de conteúdos. Assim, uma plataforma que disponibilize também conteúdos próprios ou do mesmo grupo empresarial pode priorizá-los em detrimento de outros, produzidos por terceiros. Pode fazer parte do seu modelo de negócios, como de fato faz em muitas delas, a priorização de determinados conteúdos mediante pagamentos: um usuário pode "furar a fila" e levar uma informação a outros que não teriam interesse *orgânico* – essa palavra é central no contexto dessas discussões – nela, inclusive selecionando públicos específicos. No período pré-eleitoral de 2018, um projeto do InternetLab captava as propagandas políticas que estavam sendo enviadas a usuários em uma rede social específica, o Facebook. A pesquisa identificou, por exemplo, que propagandas do candidato Geraldo Alckmin estavam sendo direcionadas especificamente para eleitores que haviam manifestado, por seu comportamento na rede social, interesse no candidato Ciro Gomes. Com isso, Geraldo Alckmin pôde, mediante pagamento à rede social, estabelecer um critério para exibição de sua propaganda que não aquele de mostrar ao usuário algo da sua preferência já estabelecida[4].

Estudiosos das relações entre comunicação digital e democracia vêm há algum tempo apontando que essas experiências *on-line* produzem uma degradação da qualidade da informação a que os cidadãos têm acesso[5], uma fragmentação do debate público, diminuição das possibilidades de experiências comuns e da serendipidade, ou seja, descobertas feitas por acaso e que seriam importantes à formação política e cultural[6], uma radicalização de

---

4. Ver F.B. Cruz; H. Massaro, *Você na Mira – InternetLab – Relatório #1: O Impulsionamento de Conteúdo de Pré-Candidaturas na Pré-Campanha de 2018*. Disponível em: <http://www.internetlab.org.br/>.

5. Ver E. Pariser, *Filter Bubble: How the Personalized Web is Changing What We Read and How We Think*.

6. Ver C. Sustein, *#Republic*.

ideias de nicho que não precisam criar mediações com outros grupos sociais[7], colapsos contextuais[8], dificuldades na criação de um mundo intersubjetivo compartilhado[9]. Faz diferença também se as redes sociais *on-line* são equiparadas à mídia tradicional ou a redes pessoais. Tratando do primeiro caso, Sunstein[10] menciona uma série de estudos que parecem apontar, no contexto norte-americano, para o fato de serem as redes sociais espaços onde as pessoas são menos expostas a posições divergentes daquelas para as quais se inclinam na sua "dieta" de mídia tradicional. Se considerarmos que a comparação a ser feita é com as redes de determinada pessoa, as pesquisas devem ser direcionadas a compreender se nas redes os indivíduos também tendem a se relacionar de forma homofílica ou se a experiência é mais próxima do colapso contextual. Ou seja, se as redes fazem as pessoas navegarem múltiplas audiências sem necessariamente se darem conta, e que tipo de colapsos isso pode produzir[11]. No Brasil, o Monitor do Debate Político Digital vem mostrando também como, desde 2014 (início do monitoramento), as redes sociais foram se estruturando em polos opostos hiperpartidarizados[12] e assim afirmar que as pessoas não estão sendo expostas a conteúdos divergentes ou estão em menor grau que em outros contextos, porém são necessárias mais pesquisas.

A liberdade de expressão compreende não somente o sentido estrito de externar opiniões, mas também de forma ampla a liberdade de informação, ou seja, o direito

7. Ver J. Downey; N. Fenton, New Media, Counter Publicity and the Public Sphere, *New Media and Society*, v. 5, n. 185.

8. Ver A.E. Marwick; d. boyd, I Tweet Honestly, I Tweet Passionately: Twitter Users, Context Collapse, and the Imagined Audience, *New Media & Society*, v. 13, n. 1.

9. Ver J. Habermas, *Inclusion of the Other: Studies in Political Theory*.

10. Ver C. Sunstein, *#Republic*.

11. Ver M. Moretto, Colapso Contextual, *Blog Dissenso*. Disponível em: <https://dissenso.org/>; A.E. Marwick; d. boyd, op. cit.

12. Ver P. Ortellado; M. Moretto, op. cit.

de informar, de se informar e de ser informado. A preocupação com o componente da informação é uma das razões pelas quais está hoje tão em voga o tema da regulação dos algoritmos, ou *accountability* de algoritmos. As empresas de internet vêm sendo cobradas publicamente por uma atuação que leve em conta valores democráticos, a priorização de conteúdos de interesse público ou de visões opostas e, ainda, soluções para o amplo compartilhamento de desinformação que, afirma-se, estaria inundando as redes sociais, em especial, em períodos eleitorais.

No Brasil, uma pesquisa conduzida pelo Ideia Big Data (2018) apontou que 98,21% dos eleitores teria sido exposto a pelo menos uma das 5 notícias falsas mais virais durante o período eleitoral, e 89,77% acreditavam que elas tinham lastro na realidade. A relação desses números com o resultado eleitoral não é simples de se estabelecer (e as demais perguntas da pesquisa não permitem conclusões firmes), mas fato é que se coloca uma pressão sobre as plataformas (e, no caso brasileiro, aos aplicativos de mensagens, que não envolvem em princípio algoritmos e, portanto, são um desafio à parte). Meses antes, o Facebook fez uma parceria com agências de checagens de notícias para que, quando elas identificassem uma história como falsa, aquele conteúdo fosse menos mostrado no *feed de notícias* dos usuários[13]. Ou seja, o algoritmo foi calibrado para que aquele conteúdo fosse menos priorizado.

Essas iniciativas frequentemente geram reações negativas por parte de organizações da sociedade civil que acompanham os temas de direitos e liberdades *on-line*, ao concederem poder e legitimidade a esses entes privados para determinar, por exemplo, o que é uma notícia falsa. Embora a preocupação faça sentido, não é como se o modelo dessas plataformas já não fosse, precisamente, baseado em priorização de conteúdos, com base nos mais distintos critérios. A verdade é que discutir os limites de

---

13. Disponível em: <https://br.newsroom.fb.com/>.

atuação desses entes privados que funcionam como espaços públicos de debate, em cima de algoritmos de código fechado e critérios próprios, não é nada simples.

Um outro exemplo de atuação das empresas na calibragem do algoritmo devido a pressões sociais são as frequentes mudanças no motor de buscas do Google com base em exposições públicas de casos em que os resultados de buscas reforçam preconceitos. Em 2012, por exemplo, uma professora de Harvard, Latanya Sweeney, percebeu que na busca de nomes de pessoas negras no Google eram exibidos anúncios de *sites* de antecedentes criminais. Possivelmente, o motor *aprendia* com os preconceitos dos próprios usuários[14], e eliminar os resultados discriminatórios exigiu intervenção no algoritmo. Uma pesquisa da UFMG mostrou também como as expressões *mulher feia* e *mulher bonita*, no Google Imagens, retorna com estereótipos racistas[15]. Em comparação com o acesso à informação via mídia tradicional, é muito mais complexo pensar nos possíveis mecanismos de responsabilização e reparação dos prejuízos que esses resultados causam e naqueles para revertê-los.

Para além da muito necessária discussão, amplamente em curso, sobre medidas de combate à concentração no setor de mídia digital, é necessário pensar formas originais de transparência e participação social nas decisões tomadas por essas empresas sobre esses motores de curadoria. Isso passa por entender, de uma vez por todas, que algoritmos privados também cumprem papéis de informação e são, cada vez mais, motores da expressão.

---

14. Ver L. Sweeney, *Discrimination in Online Ad Delivery*. Disponível em: <https://papers.ssrn.com/>.
15. Ver C.S. Araújo; W. Meira Jr.; V. Almeida, *Identifying Stereotypes in the Online Perception of Physical Attractiveness*.

9. ELEIÇÕES: DIREITO À INFORMAÇÃO *VS.* ESQUECIMENTO

Taís Gasparian

A tentativa de controle sobre as informações veiculadas é um aspecto que preocupa os veículos de comunicação, *sites* e *blogs*, sobretudo em ano de eleições. Candidatos a cargos eletivos e partidos políticos são ferozes litigantes em ano eleitoral. Em um momento de grande polarização política e ânimos exacerbados, o direito à informação sofre. Ainda que o país não tenha vivido momentos de calmaria política nos últimos anos, as eleições de 2018 foram uma das mais acirradas e surpreendentes. E isso certamente trouxe disputas judiciais. Para além dos duelos entre partidos e entre candidatos, os veículos de mídia são processados, seja para que retirem ou deixem de publicar informações, seja para coibir, do modo que for, a disseminação de notícias que os candidatos ou os partidos julgam lhes ser prejudiciais. Nesse momento político, os veículos de comunicação, os *sites* e os *blogs* são bombardeados sobretudo com ordens judiciais de remoção de conteúdo de suas plataformas digitais.

Desnecessário discorrer sobre a importância da informação para o exercício da democracia. A pluralidade de fontes de informação é o que permite um mínimo de discernimento – ainda que pessoal e particular – sobre a realidade vivida. Seja de esquerda, de direita, de centro ou dos extremos, sempre haverá um canal informativo que se harmoniza a uma determinada visão de futuro, haja vista tamanho leque de opções atualmente disponíveis no país. Essa realidade, contudo, sofre muito em anos eleitorais. As disputas judiciais, se não impõem o fechamento dos canais informativos, certamente prejudicam seu desenvolvimento e manutenção.

Para piorar a situação, nos últimos anos surgiu uma teoria que pretende alçar o esquecimento à condição de direito humano. Este artigo discorre sobre alguns aspectos jurídicos do chamado direito ao esquecimento em época de eleições.

Direito ao Esquecimento

O sistema jurídico brasileiro não prevê um direito genérico de ser "esquecido", no sentido de uma pessoa ter o direito de limitar a difusão de informação que lhe diga respeito e que considera prejudicial ou contrária aos seus interesses. Tampouco há respaldo na Constituição Federal para que um conceito como esse seja adotado. E nem há um direito absoluto de "ser esquecido", como se fosse um direito fundamental.

Apesar da ausência de qualquer previsão no sistema jurídico pátrio, os Tribunais do país já começaram a analisar questões controversas sobre o assunto, com o desafio de buscar o equilíbrio entre a liberdade de expressão, a liberdade de informação e a livre iniciativa, por um lado, e a proteção dos dados pessoais e da privacidade, por outro.

Precisamente, em função da ausência de definição sobre a expressão, o tema tem sido tratado de maneira errática até mesmo pelo Judiciário, e tem se prestado a todo tipo de pretensão que envolva pelo menos algum desconforto em relação a uma informação veiculada e o anseio à respectiva supressão.

O chamado "direito ao esquecimento" é uma expressão que há pouquíssimo tempo tem sido ouvida no mundo jurídico. Surgiu como consequência das novas reflexões que envolvem a coleta e o tratamento de dados e de informações. Em razão do desenvolvimento da informática de modo geral e, mais especificamente, da internet, o tratamento automatizado de dados pessoais e de informações de todos os tipos tomou proporções gigantescas, antes apenas relatadas em histórias de ficção. Novas tecnologias permitem que dados e informações sejam armazenados durante um longo período. Somente em razão desses recentes desenvolvimentos tecnológicos se tornou factível a existência de bancos de dados tais como hoje conhecemos, alimentados por milhões de pessoas do mundo todo. Não há como voltar atrás nessa realidade.

O registro de dados e informações resulta em diversos benefícios, é certo, ao mesmo tempo que instiga a capacidade humana a lidar com uma situação cuja dimensão ainda não é de todo conhecida. Trata-se de um desafio que não pode ser enfrentado com uma reação imediatista, como o seria a mera proibição de existência desses registros, porque a remoção de arquivos viola um princípio constitucional, que é a liberdade de informação.

Como já afirmou a ministra Carmen Lúcia,

a multiplicidade dos meios de transmissão da palavra e de qualquer forma de expressão sobre o outro amplia as definições tradicionalmente cogitadas nos ordenamentos jurídicos e impõe novas formas de pensar o direito de expressar o pensamento sem o esvaziamento de outros direitos, como o da intimidade e da privacidade. Em toda a história da humanidade, entretanto, o fio condutor de lutas de direitos fundamentais é exatamente a liberdade de expressão[1].

A justificar, então, uma aspiração um tanto quanto imprecisa e subjetiva, de impedir que registros sobre fatos perdurem no tempo, começou a ser tecida uma ideia, que está longe de se mostrar consolidada e bem definida. Segundo essa vaga noção, o "direito ao esquecimento", por outros institutos[2], já estaria presente no ordenamento jurídico, e sua existência se justificaria em razão de que o Direito se presta a "estabilizar o passado e conferir previsibilidade ao futuro"[3].

Sem razão, contudo. Como afirma Daniel Sarmento em parecer juntado em recurso extraordinário em trâmite no Supremo Tribunal Federal, e que trata desse assunto,

o direito ao esquecimento [...] não está consagrado em qualquer norma jurídica, constitucional ou infraconstitucional. Na extensão que lhe atribuiu o stj, ele tampouco pode ser extraído da Constituição pela via interpretativa – seja da garantia da privacidade, do princípio da dignidade da pessoa humana ou de qualquer outra cláusula – pois é claramente incompatível como nosso sistema constitucional [...]. Afinal, o esquecimento sobre fatos que envolvem interesse público não pode ser visto como um direito fundamental, em regime constitucional que se preocupa tanto com o acesso à informação, garante a memória coletiva e valoriza a História. A restrição não satisfaz, portanto, o requisito da reserva legal para restrição de direitos fundamentais[4].

1. Ação Direta de Incostitucionalidade (adi) 481/df, em que se deci-diu pela desnecessidade de autorização para biografias.
2. Esses institutos são, exemplificadamente, a prescrição, a decadência, a anistia, a irretroatividade da lei, o respeito ao direto adquirido, o ato jurídico perfeito e a coisa julgada, dentre outros. Veja-se que também que a Lei de Defesa do Consumidor se refere a um certo tipo de direito ao esquecimento, quando dispõe que os cadastros e dados de consumidores não podem conter "informações negativas referentes a período superior a cinco anos" (art. 43, parágrafo 1º).
3. Direito ao Esquecimento, acórdão (resp 1.334.097) do ministro Luiz Felipe Salomão.
4. Recurso Extraordinário 1.010.606/rj.

Observe-se que os dispositivos do Código Civil (arts. 17, 20 e 21) ou aqueles da Constituição Federal (art. 5º, V e X), que se referem à proteção do nome, da imagem, da honra, da privacidade e da intimidade das pessoas, e que são comumente evocados por aqueles que buscam um reconhecimento do direito de ser esquecido, não se prestam a dar força ou fundamento ao direito ao esquecimento. Os princípios que protegem a honra, a privacidade e a imagem são expressamente acolhidos pela CF, enquanto que este (o direito ao esquecimento) está em colisão com diversos outros princípios constitucionais.

Direito à Informação

A alteração de registros históricos é funesta. Há na história diversos exemplos de alteração de fotografias e de supressão de trechos de cartas ou relatos que demonstram fartamente que interesse, poder e exclusão são ingredientes nefastos à memória de um povo. Os arquivos e acervos servem para estabelecer uma identidade coletiva assim como prova de fatos que são deliberadamente esquecidos pela versão oficial da história. A revisão da história sempre pode ser feita, mas ela depende necessariamente da conservação de dados e testemunhos[5]. Um exemplo disso é o trabalho desenvolvido pela Comissão da Verdade, no Brasil. Se dados e arquivos tivessem sido destruídos, jamais referida Comissão teria podido apresentar qualquer conclusão. E o esquecimento daí decorrente seria prejudicial ao bom e completo entendimento e à análise da conjuntura atual do país.

Não há, além do mais, argumento que justifique a remoção de registros. De fato, pergunta-se: a qual título poderia uma pessoa, um governo ou mesmo um

5. Esse tema já foi tratado por mim no artigo "Esquecer o Quê?", em P. Blanco (org.), *Pensadores da Liberdade. A Liberdade Como Princípio*, v. 2.

Tribunal decidir o que será – ou não – lembrado no futuro? A quem os cidadãos estariam dispostos a ceder o poder de decisão sobre a memória de sua sociedade?

Se no início da era moderna a liberdade de expressão se materializou como um direito do indivíduo de se comunicar sem ressalvas, isto é, como constituidora de uma garantia de liberdade individual, atualmente compreende um direito da coletividade à obtenção da informação[6].

A esse respeito, José Afonso da Silva assim se manifesta:

O direito de informar, como aspecto da liberdade de manifestação do pensamento, revela-se um direito individual, mas já contaminado de sentido coletivo, em virtude das transformações dos meios de comunicação, de sorte que a caracterização mais moderna do direito de comunicação, que especialmente se concretiza pelos meios de comunicação social ou de massa, envolve a transmutação do antigo direito de imprensa e de manifestação do pensamento, por esses meios, em direitos de feição coletiva.[7]

A dimensão coletiva da liberdade de informação é dada pelo inciso XXXIII, do artigo 5º, da Constituição Federal, segundo o qual "todos têm direito de receber dos órgãos públicos informações de seu interesse particular, ou de interesse coletivo ou geral [...]". A informação, de modo geral, atingiu tal grau de prioridade no Estado Democrático, que a Constituição Federal assegura aos cidadãos o direito de exigir informação. Nesse sentido, veja-se comentário de Celso Bastos sobre o dispositivo constitucional acima referido:

Nasce assim, ao lado das duas modalidades clássicas de informação, consistente uma em cada indivíduo poder externar livremente o seu pensamento e a outra na liberdade de prestar informações, sobretudo através dos meios técnicos com esta finalidade, uma terceira modalidade, consubstanciada em um direito de exigir informações. Há, a nosso ver, uma dupla fundamentação para este direito. De

6. Nesse sentido, ver L.A.D. Araújo; V.S. Nunes Jr., *Curso de Direito Constitucional*, p. 166s.

7. *Curso de Direito Constitucional Positivo*, p. 260.

um lado, a preocupação que não é nova – uma vez que advém do surgimento das próprias ideias liberais – de fazer do Estado um ser transparente, banindo-se as práticas secretas. De outro, do próprio avanço das concepções uma democracia participativa. Se cada vez se exige mais do cidadão em termos de participação da vida pública é natural que a ele também sejam conferidas todas as possibilidades de informar-se sobre as condições da res pública. Trata-se, pois, de combater o princípio arcana práxis ou princípio do segredo que, sendo próprio do Estado de Polícia, não deixa, contudo, de manifestar a sua permanência no Estado de Direito, no atuar de uma burocracia que procura encerrar-se em uma prática esotérica de difícil acesso ao cidadão comum. É, pois, instrumento indispensável no progresso da democratização.[8]

Por outro lado, o direito à informação é tão imprescindível para o exercício da cidadania, que o Constituinte admitiu sua suspensão apenas na vigência do estado de sítio (art. 139, III, da CF).

A internet já alcança a mesma importância que as bibliotecas tiveram no passado. Remover conteúdo da internet, já se disse, é o mesmo que queimar livros. A Constituição Federal não permite a destruição de arquivos. Ao contrário, os protege no artigo 216, que estabelece constituírem "patrimônio cultural brasileiro os bens de natureza material e imaterial", que se referirem "à identidade, à ação, à memória dos diferentes grupos formadores da sociedade brasileira", além de determinar que ao poder público cabe a promoção e a proteção do "patrimônio cultural brasileiro, por meio de inventários, registros, vigilância, tombamento e desapropriação, e de outras formas de acautelamento e preservação"[9].

Por qualquer ângulo da Constituição que se analise, percebe-se que "ninguém deve ter o direito de selecionar quais são as informações que podem chegar ao debate público"[10].

8. *Comentários à Constituição Federal*, p. 163.
9. Ver art. 216 e § 1º da Constituição Federal.
10. Voto do ministro Roberto Barroso referente à ADI 4.815/DF.

O Tribunal de Justiça de São Paulo, por mais de uma oportunidade, já analisou o tema, tendo decidido, em diversos casos, por não acolher a pretensão de remoção de arquivos, sob o entendimento de que o chamado "direito ao esquecimento" careceria de legalidade na ordem jurídica. No voto proferido pelo Desembargador Cesar Ciampolini em recurso submetido àquele Tribunal, assim restou decidido:

Nos debates orais havidos entre os membros da Turma Julgadora expandida na forma do art. 942 do NCPC, frisei que, mutatis mutandis, nos dias atuais, efetivamente, como argumenta a apelante S.A. O Estado de São Paulo, determinar, como quer o autor na inicial (fl. 10), que os órgãos de Imprensa apelantes excluam de seus arquivos digitais a notícia verídica em tela, que o envolve, equivale a uma ordem que se tenha dado, num dos tantos momentos menos esclarecidos da História da Humanidade, para queima de livros, destruição de bibliotecas. Os registros dos fatos do dia a dia se fazem, atualmente, em arquivos digitais. Não se vendem mais enciclopédias de porta em porta: consulta-se a rede mundial de computadores; menos se frequenta, nesta Capital de importantes tradições culturais, a Biblioteca Mario de Andrade, em sua sede atual da Rua da Consolação, 94, na Praça Dom José Gaspar, inaugurada pelo Prefeito Prestes Maia em 25 de janeiro de 1942: consultas cada vez mais são feitas pelos estudantes via internet; o mesmo, por certo, se dá com os arquivos físicos em que as empresas jornalísticas guardam exemplares de seus periódicos impressos ao longo dos séculos: são eles consultados pelos historiadores e pelos estudantes pela rede de computadores, digitalizados que estão.[11]

Mesmo que se analise sob o ponto de vista do aparente conflito entre a proteção à vida privada, honra e imagem, ou seja, dos direitos da personalidade, de um lado, e o direito à informação, de outro, há que se reconhecer que nenhuma situação poderia justificar a sobreposição daqueles a este último. Em ocasião em que se manifestou sobre o assunto, o ministro Marco Aurélio

11. Apelação n. 1113869-27.2014.8.26.0100/SP.

Mello afastou qualquer possibilidade da censura judicial, nos seguintes termos:

O conflito, aqui, todavia, é aparente, presidente. O legislador previu a possibilidade de a imagem ser alcançada e aí dispôs sobre a responsabilidade: a responsabilidade no campo civil e, também, no campo penal. Mais do que isso presidente. Se estou diante de um conflito entre o coletivo e o individual, devo homenagear o coletivo. [...] e não podemos, presidente, muito menos a partir de simples presunção, não podemos, *a priori*, implementar uma censura e obstaculizar a própria informação. [...] torno a frisar que, entre o interesse individual e o coletivo, homenageio o interesse coletivo. E o interesse coletivo reside na informação do que ocorra.[12]

É evidente reconhecer que o próprio tema se presta a confusão, como se carecesse de maturidade. Remoção de registros, em última análise, é uma operação técnica, de informática, algorítmica. Questões que ficam no ar: é possível a remoção de um registro para sempre? De onde se dá essa remoção, afinal? Dos *sites* originais? Dos instrumentos de busca? O direito ao esquecimento abarcaria a pretensão de restrição de veiculação futura de informação sobre uma pessoa?[13]

Eleições e o Direito à Informação

Para além da falta de definição sobre o termo ou sobre os limites jurídicos de aplicação do chamado direito ao esquecimento, é importante ressaltar que sua utilização muitas vezes tem se prestado a interesses escusos e atitudes oportunistas.

12. Medida Cautelar MS 24.832-7/DF, julgada em 18 de março de 2004.
13. Ainda que o chamado direito ao esquecimento se refira, na maior parte das vezes, à remoção de conteúdo já divulgado, a pretensão de restrição de veiculação futura de informação é uma realidade com a qual convivem diariamente os veículos de comunicação, *sites* e *blogs*. Isso constitui censura. Censura prévia – pois sequer se sabe o que poderia ser veiculado quanto ao assunto.

Em levantamento realizado pela Associação Brasileira de Jornalismo Investigativo (Abraji)[14], no projeto CTRL-X[15], que mapeia ações na Justiça contra a divulgação de informações, observa-se que há diversas tentativas, provenientes de pessoas públicas, de impedir que informações publicadas contra si continuem a ser veiculadas.

O CTRL-X é uma plataforma que mapeia processos judiciais que tem por objeto algum tipo de restrição de divulgação de informações, tais como: (a) a remoção de conteúdo, (b) a abstenção de divulgação de informação, (c) a apreensão de publicações e (d) a suspensão de transmissão de rádio e TV.

Pelos dados coletados[16], e que podem ser analisados pela tabela abaixo, vê-se que de 2010 a 2017 houve um crescimento do número de processos que requerem algum tipo de remoção de conteúdo. Observe-se, ainda, que nos anos eleitorais, esse crescimento foi bem maior e provocado por políticos e partidos políticos.

Quantidade de processos movidos em anos com eleição:

ANO	POLÍTICOS E PARTIDOS POLÍTICOS	OUTROS
2010	12	36
2012	486	79
2014	624	203
2016	667	219

Quantidade de processos movidos em anos sem eleição:

ANO	POLÍTICOS E PARTIDOS POLÍTICOS	OUTROS
2011	1	40
2013	20	140
2015	32	299
2017	39	121

14. Disponível em: <www.abraji.org.br>.
15. Disponível em: <http://www.ctrlx.org.br/>.
16. Levantamento incompleto quanto ao ano de 2017.

Veja-se, então, que justamente aqueles sobre os quais a população mais necessita obter informações – os políticos e os partidos – são os que mais acionam o Judiciário para impedir o acesso à informação sobre si. O pior é que essa atitude – propositura de ação judicial para remoção de conteúdo da internet – ocorre sobretudo nos anos eleitorais, período em que os cidadãos deveriam e poderiam obter informações sobre os candidatos. É espantoso perceber que, justamente quando se deverá escolher seus candidatos, no exercício de um dos direitos mais caros à cidadania, qual seja, a eleição de seu representante, é que ocorre o maior número de tentativas de subtração das informações sobre os candidatos. Na comparação, como se nota, os autores dos pedidos de remoção de conteúdo são em muito maior número dentre os políticos.

Muitos autores e juristas já se manifestaram sobre a intrínseca relação entre democracia e liberdade de informação. Nesse sentido:

a liberdade de expressão é não apenas um pressuposto democrático, como é um pressuposto para o exercício dos outros direitos fundamentais. Para exercerem-se bem os direitos políticos, o direito de participação política, a liberdade de associação, a liberdade de reunião, o próprio desenvolvimento da personalidade, é preciso que haja liberdade de expressão, é preciso que haja uma livre circulação de fatos, opiniões e ideias para que cada um possa participar esclarecidamente do debate público. Portanto [...], sem liberdade de expressão não existe plenitude dos outros direitos, não existe autonomia privada, não existe autonomia pública[17].

Também não escapou das manifestações do ministro Ricardo Lewandowski a íntima conexão entre liberdade de informação e de expressão e democracia. No julgamento em que autorizou a veiculação de pesquisas eleitorais nos dias imediatamente anteriores ao da eleição, o ministro assim afirmou: "A liberdade de expressão

17. Voto do ministro Roberto Barroso referente à ADI 4.815/DF.

do pensamento, portanto, completa-se no direito à informação, livre e plural, que constitui um valor indissociável da ideia de democracia no mundo contemporâneo"[18].

A Decisão da Corte Europeia Sobre o Tema

No plano internacional, a discussão quanto ao conteúdo do assim chamado direito ao esquecimento e seu conceito tem como pano de fundo a colisão entre o direito à privacidade (quanto a informações sobre determinada pessoa) e o direito à liberdade de informação/expressão (das pessoas que se interessam pela publicação de informações).

Muito se fala a respeito da decisão do Tribunal de Justiça da União Europeia, de maio de 2014, sobre o direito ao esquecimento, quando referido Tribunal analisou um recurso[19] que lhe foi submetido a respeito da aplicação da Diretiva 95/46/CE[20]. Comumente, ouve-se dizer que a União Europeia teria acolhido o direito ao esquecimento.

18. Voto do ministro Ricardo Lewandowski referente à ADI 3.741/DF.

19. O processo movido por Mario Costeja González contra Google Spain SL e a Google Inc. dizia respeito ao fato de que alguns dados pessoais relativos ao sr. González foram publicados por um jornal espanhol, em duas das suas edições impressas em 1998, ambas republicadas numa data posterior na sua versão eletrônica disponibilizada na internet. O sr. González entendeu que essa informação não devia continuar a ser exibida nos resultados apresentados pelo mecanismo de pesquisa utilizado pela Google, quando era feita uma pesquisa do seu nome.

20. A Diretiva 95/46/CE tem por objeto a proteção das liberdades e dos direitos fundamentais das pessoas singulares, nomeadamente do direito à vida privada, no que diz respeito ao tratamento de dados pessoais e a eliminação dos obstáculos à livre circulação desses dados. Tal diretiva excetua da proteção dos dados pessoais aqueles utilizados para fins jornalísticos ou de expressão artística ou literária, na medida em que sejam necessários para conciliar o direito à vida privada com as normas que regem a liberdade de expressão. Dispõe o artigo 9º: "Os Estados-Membros estabelecerão isenções ou derrogações ao disposto no presente capítulo e nos capítulos IV e VI para o tratamento de dados pessoais efetuado para fins exclusivamente jornalísticos ou de expressão artística ou literária, apenas na medida em que sejam necessárias para conciliar o direito à vida privada com as normas que regem a liberdade de expressão."

A decisão, contudo, está longe de ser simples. De fato, no caso, foi determinada a supressão de uma informação do resultado de busca, mas a decisão foi tomada sob as seguintes considerações[21]: (a) ausência de interesse público; (b) observação de que a mesma decisão não seria possível caso se tratasse de pessoa pública; e (c) sob a determinação de que não fossem removidos os arquivos originais do jornal em que havia sido disponibilizada a informação[22]. Observe-se que o Tribunal expressamente considerou que, no caso, o direito do requerente só se sobrepôs ao interesse do público em ter acesso à informação suprimida porque o requerente não era uma pessoa pública.

Cabem mais três observações sobre essa decisão: ela foi tomada no âmbito das normas de proteção de dados da União Europeia, inexistentes no Brasil e é alvo de contundentes críticas por parte de juristas e filósofos. Sobre ela, a ministra Nancy Andrighi, do Superior Tribunal de Justiça, assim asseverou:

a jurisprudência oferecida pelo Tribunal de Justiça Europeu não seria adequada ao contexto brasileiro, dada as grandes diferenças nas premissas legislativas de que partem ambas as situações. A principal, diga-se, é a ausência de uma lei específica voltada para a proteção de dados pessoais dos cidadãos brasileiros[23].

▪ ▪

O acolhimento do chamado direito ao esquecimento, pelo Direito pátrio, atualmente, traz mais riscos do que benefícios, e nem mesmo sob a roupagem de se tratar

21. Disponível em: <http://curia.europa.eu/>.
22. Nos termos da decisão: "na medida em que, no caso em apreço, não parece haver razões especiais que justifiquem um interesse preponderante do público em ter acesso a essas informações no âmbito dessa pesquisa, [...] a pessoa em causa pode [...] exigir a supressão das referidas ligações dessa lista de resultados".
23. Agravo Interno no recurso especial n. 1.593.873/SP, julgado em novembro de 2016, STJ.

de conteúdo *ofensivo*, *irrelevante* ou até mesmo *errado*, poderia ser adotado. As democracias da América Latina são ainda incipientes e sensíveis às tentativas de obstrução da verdade e da informação.

Há diversos tratados internacionais relacionados de um modo ou de outro ao tema e todos eles, sem exceção, trazem a previsão expressa de proteção à liberdade de expressão e informação, em razão do entendimento de que a consolidação e o desenvolvimento da democracia dependem da existência, reconhecimento e efetivo exercício desses direitos[24].

O fato de tratados internacionais diversos trazerem previsão de proteção da liberdade de expressão decorre do reconhecimento, por parte de diversas nações, de que nada é mais nefasto do que a regulação da livre circulação de ideias[25].

Como se vê, não há espaço algum para o acolhimento de teses de esquecimento, tampouco para que se autorize a aplicação de um conceito ainda em construção no ordenamento jurídico brasileiro.

24. Nesse sentido, cabe lembrar que a Declaração Universal dos Direitos Humanos, adotada pela Assembleia Geral da ONU em 10 de dezembro de 1948 e assinada pelo Brasil na mesma data, dispõe sobre a liberdade de expressão no artigo 19, ao assegurar a todo indivíduo o direito "à *liberdade de opinião e de expressão*, o que implica o direito de não ser inquietado pelas suas opiniões e o de *procurar, receber e difundir, sem consideração de fronteiras*, informações e ideias por qualquer meio de expressão".

25. Nesse sentido, a Convenção Americana de Direitos Humanos, ratificada pelo Brasil em 1992, estabelece, em seu artigo 13.1, que "toda pessoa tem direito à liberdade de *pensamento* e de *expressão*. Esse direito compreende a liberdade de buscar, receber e difundir informações e ideias de toda natureza, sem consideração de fronteiras, *verbalmente ou por escrito*, ou em forma *impressa ou artística*, ou por qualquer outro processo de sua escolha".

10. SIGILO DA FONTE

Taís Gasparian

O sigilo da fonte constitui um dos vértices de sustentação do direito de acesso à informação e da liberdade de imprensa. Esse direito, dada a sua relevância, recebeu proteção constitucional justamente no capítulo que trata dos direitos e das garantias fundamentais, e precisamente no tópico que se refere à liberdade de informação, conforme consta do art. 5º, XIV: "é assegurado a todos o acesso à informação e resguardado o sigilo da fonte, quando necessário ao exercício profissional".

O vocábulo fonte, de que trata o inciso XIV do art. 5º da Constituição Federal, acima referido, tem o sentido de origem, procedência. É assegurado, então, o sigilo sobre a procedência das informações, para que fluam livremente e que todos tenham acesso a elas. É o que dispõe o texto constitucional.

O veículo e o jornalista, no exercício de sua atividade, que muitas vezes é de natureza investigativa, mais do que o direito, tem também o dever de não revelar a matriz dos dados ou das notícias que veiculam. O jornalista não pode ser obrigado a declinar o nome da pessoa (revelar a identidade), nem a apresentar documentos ou materiais, inclusive gravações ou fotografias, que constituam a origem de uma informação. E tampouco pode o jornalista divulgar o teor de segredos que lhe foram confiados. Ele tem o dever de manter sob sigilo informações que, pelo exercício de sua profissão, tomou conhecimento.

É uma forma de proteção da informação e também daquele que faz uma denúncia ou que comunica o conteúdo de um dado sensível. Muitas pessoas não denunciam crimes ou indícios de ilícitos de que têm conhecimento por medo de represálias. Não é por outro motivo que existem diversos canais de denúncia que protegem os denunciantes sob o manto do anonimato e, em outra seara, existem os mecanismos de proteção a testemunhas. Esses mecanismos, bem ou mal, visam proteger aquele que tem ciência de fatos ou de dados.

O dever do jornalista de manter sigilo advém do fato de que a revelação de informações que lhe foram confiadas pode tipificar o crime de violação de segredo profissional, descrito no artigo 154 do Código Penal. Nelson Hungria[1], nos Comentários ao Código Penal, há muitos anos, já defendia a tese de que o sigilo merece a tutela penal em razão da liberdade individual de uma pessoa, de resguardar seus segredos. Se essa pessoa transmite uma informação sobre a qual pede segredo, o receptor é obrigado a não revelar quem lhe transmitiu. Daí que o Código Penal tipifica como crime a violação de segredo profissional. A esse respeito, Darcy de Arruda Miranda comenta:

a asseguração do sigilo proporciona ao profissional de imprensa maior amplitude na colheita ou busca de informações de interesse

1. Citado por D.A. Miranda. Ver nota abaixo.

118

público, não ficando de forma alguma, obrigado a revelar, em juízo, a sua fonte ou origem. Assim, quem tem algo de interessante a revelar à imprensa, querendo ocultar a sua situação de informante, poderá fazê-lo em segredo, sem receio de ver o seu nome publicado como autor da informação. A indiscrição do jornalista ou comentarista, revelando a fonte da notícia, importará em violação de segredo profissional, portanto, crime (art. 154 do Código Penal)[2].

Note-se que a preservação de um segredo corresponde a um interesse individual que, no entanto, é protegido pelo direito penal não por si mesmo, mas tendo como objetivo a tutela do interesse geral: o empenho do Estado na salvaguarda do direito e da justiça.

Vê-se, no teor do quanto dispõe a Constituição Federal, que o sigilo da fonte está resguardado justamente no mesmo dispositivo que trata de assegurar o acesso à informação. O sigilo sobre quem transmitiu uma informação tem importante função na obtenção de dados que depois são transmitidos pelos veículos, possuindo, assim, relação intrínseca com o direito ao acesso daquela: ambos visam garantir aos cidadãos a livre disseminação da informação e constituem pressupostos da democracia e da liberdade.

A relação do instituto do sigilo da fonte com o direito ao acesso à informação já foi fartamente dissecada. Nas palavras do ministro Celso de Mello,

a prerrogativa do sigilo da fonte constitui instrumento de preservação da própria liberdade de informação. Isso claramente significa que a prerrogativa concernente ao sigilo da fonte, longe de qualificar-se como mero privilégio de ordem pessoal ou estamental, configura, na realidade, meio essencial de concretização do direito constitucional de informar, revelando-se oponível, em consequência, a quaisquer órgãos ou autoridades do poder público, não importando a esfera em que se situe a atuação institucional dos agentes estatais interessados[3].

2. Comentários à Lei de Imprensa, *Revista dos Tribunais*, p. 133.
3. Voto do ministro Celso de Mello referente à ADPF 130. Disponível em: <http://redir.stf.jus.br/>.

Com efeito, se no início da era moderna a liberdade de expressão se materializou como um direito do indivíduo de se comunicar sem ressalvas, isto é, como constituidora de uma garantia de liberdade individual, no seu desenvolvimento compreende, hoje, um direito da coletividade à obtenção da informação[4].

A esse respeito, José Afonso da Silva assim se manifesta:

O direito de informar, como aspecto da liberdade de manifestação do pensamento, revela-se um direito individual, mas já contaminado de sentido coletivo, em virtude das transformações dos meios de comunicação, de sorte que a caracterização mais moderna do direito de comunicação, que especialmente se concretiza pelos meios de comunicação social ou de massa, envolve a transmutação do antigo direito de imprensa e de manifestação do pensamento, por esses meios, em direitos de feição coletiva.[5]

A dimensão coletiva da liberdade de informação é dada pelo inciso XXXIII, do artigo 5º, da Constituição Federal, segundo o qual "todos têm direito de receber dos órgãos públicos informações de seu interesse particular, ou de interesse coletivo ou geral". Como se nota, a liberdade de informação foi de tal forma privilegiada pelo Constituinte de 1988, que aos cidadãos é assegurado o direito de exigi-la. Por tal dispositivo, todos tem o direito à informação. A liberdade de informar foi somada à liberdade de ser informado, disso advindo o caráter coletivo do conceito.

A respeito desse dispositivo, comenta Celso Ribeiro Bastos:

Nasce assim, ao lado das duas modalidades clássicas de informação, consistente uma em cada indivíduo poder externar livremente o seu pensamento e a outra na liberdade de prestar informações, sobretudo através dos meios técnicos com esta

4. Nesse sentido, ver L.A.D. Araújo; V.S. Nunes Jr., op. cit., p. 166s.
5. *Curso de Direito Constitucional Positivo*, p. 260.

finalidade, uma terceira modalidade, consubstanciada em um direito de exigir informações.[6]

Há, a nosso ver, uma dupla fundamentação para esse direito. De um lado, a preocupação que não é nova – uma vez que advém do surgimento das próprias ideias liberais – de fazer do Estado um ser transparente, banindo-se as práticas secretas. De outro, o próprio avanço das concepções de uma democracia mais participativa. Se cada vez se exige mais do cidadão em termos de participação na vida pública, é natural que a ele também sejam conferidas todas as possibilidades de se informar sobre as condições da *res* pública.

Trata-se, pois, de combater o princípio *arcana praxis* ou princípio do segredo que, sendo próprio do Estado de Polícia, não deixa, contudo, de manifestar a sua permanência no Estado de Direito, no atuar de uma burocracia que procura se encerrar em uma prática esotérica de difícil acesso ao cidadão comum. É, pois, instrumento indispensável no progresso da democratização.

Em tratado publicado em meio ao governo militar, no Brasil, Freitas Nobre afirma que o sigilo da fonte "é exigência social, porque ele possibilita a informação mesmo contra o interesse dos poderosos do dia, pois que o informante não pode ficar à mercê da pressão ou da coação dos que se julgam atingidos pela notícia"[7].

Essa proteção ao sigilo da fonte tem uma peculiaridade. Ela diz com a ética e também com a confiança que aquele que detém a informação deposita no veículo ou no jornalista. Trata-se de uma garantia ao jornalista (garantia de que não será obrigado a revelar sua fonte) que também protege o informante e o acesso à informação pela coletividade.

A garantia de resguardo da fonte não é uma invenção brasileira. Muito ao contrário. Tratados internacionais,

6. *Comentários à Constituição Federal*, p. 163.
7. *Lei da Informação*, p. 251-252.

dos quais o Brasil é signatário, contém a mesma proteção. A Declaração de Chapultepec (que dispõe no item 3 que "não se poderá obrigar a nenhum jornalista a revelar suas fontes de informação"), e a Declaração de Princípios sobre a Liberdade de Expressão da OEA (que dispõe no item 8 que "todo comunicador social tem o direito de reserva de suas fontes de informação, anotações, arquivos pessoais e profissionais") são alguns exemplos que se destacam. Até mesmo na famigerada Lei de Imprensa[8], que datava de 1967 e que foi ab-rogada pelo STF, o sigilo da fonte já era protegido.

Embora o Brasil seja signatário dessas convenções e, ainda, o sigilo da fonte tenha proteção constitucional, a sua tutela tem encontrado algumas resistências no país nos últimos anos. Alguns episódios revelam que, para além das resistências, o conceito ainda não é claro para grande parcela da população. Com efeito, muitos entendem que o instituto serviria para proteger os jornalistas, quando na verdade, como visto, presta-se a proteger a informação e seu livre acesso pelos cidadãos.

Os episódios a que me refiro, e que são citados abaixo, constituem violações ao princípio constitucional de resguardo do sigilo da fonte e foram ordenados por magistrados.

O primeiro caso se refere ao jornalista Allan de Abreu, do *Diário da Região*, de São José do Rio Preto. O repórter foi investigado pela Polícia Federal por ter divulgado escutas telefônicas referentes a um esquema de corrupção dentro da delegacia do Ministério do Trabalho em São José do Rio Preto. Com o intuito de descobrir quem teria transmitido ao repórter o teor das interceptações telefônicas, um magistrado da cidade determinou não somente a quebra do sigilo telefônico do repórter como também de toda a redação do jornal! A decisão foi posteriormente suspensa pelo STF.

---

8. Ver Lei n. 5.250/67, art. 71, ab-rogada em 2009 pelo STF.

Outro caso diz respeito ao jornal paranaense *Gazeta do Povo*, em 2015. Em razão de algumas reportagens que denunciavam desvios de conduta de agentes policiais, os jornalistas autores das matérias começaram a ser constrangidos a revelar as fontes da reportagem.

Em outubro 2016, uma magistrada de Brasília determinou a quebra do sigilo telefônico de um colunista da revista *Época*, que havia revelado contas secretas na Suíça. A ordem judicial tinha por objetivo identificar as fontes do jornalista, porque este teria se recusado a fazê-lo.

Em março de 2017, um magistrado também incorreu na violação constitucional ao determinar a quebra do sigilo de Eduardo Guimarães, que teria, no seu *Blog da Cidadania*, divulgado a decisão de quebra do sigilo bancário e fiscal do ex-presidente Lula. A decisão não apenas determinou a quebra do sigilo de comunicação, mas também a busca e apreensão, em endereço residencial e profissional do blogueiro, de "quaisquer documentos, mídias, HDs, *laptops*, *pen drives*, arquivos eletrônicos de qualquer espécie [...] agendas manuscritas ou eletrônicas". Na ocasião, o juiz se justificou afirmando que Eduardo Guimarães "não ostenta propriamente a condição de jornalista". Uma semana depois, o magistrado voltou atrás na sua decisão para excluir do processo que apurava a violação de sigilo qualquer dado relativo à identificação das fontes de informação do blogueiro. Dessa vez, justificou sua nova decisão aduzindo que parte da atividade daquele blogueiro teria natureza jornalística e que não se poderia colocar em risco a liberdade de imprensa nem o sigilo da fonte.

Ainda em 2017, um episódio também chamou a atenção. Foi a divulgação de conversa telefônica entre o jornalista e blogueiro Reinaldo Azevedo com a irmã de Aécio Neves.

A comunicação interceptada, com autorização judicial, era a de Andrea Neves. Entretanto, uma de suas conversas era com o jornalista, que criticava a reportagem

da revista *Veja*, para a qual Reinaldo Azevedo traba-
lhava, e a Operação Lava Jato. Ao deferir a veiculação
das conversas da irmã de Aécio Neves, um ministro do
STF acabou por revelar a conversa dela com o jornalista,
na prática violando o seu sigilo de fonte.

Diversos outros exemplos poderiam ser citados.
Vez ou outra são prolatadas decisões que contrariam a
Constituição Federal exatamente nesse aspecto da proteção do sigilo da fonte. Mesmo depois do julgamento
da ADPF 130/DF pelo Supremo Tribunal Federal, que
deveria nortear a jurisprudência do país, ainda surgem
decisões que teimam em contrariar o princípio. Em 2009,
quando do julgamento da referida ação sob a relatoria do
então ministro Carlos Ayres Britto, a Corte, por unanimi-
dade, proclamou o que talvez constitua a mais profunda
e robusta defesa da livre imprensa, da liberdade de expressão e da livre circulação de informações.

Naquela ocasião, o ministro Carlos Ayres Britto
asseverou:

não estamos a ajuizar senão isto: a cabeça do art. 220 da Constituição veda qualquer cerceio ou restrição à concreta manifestação
do pensamento, bem assim todo cerceio ou restrição que tenha
por objeto a criação, a expressão e a informação, pouco importando a forma, o processo, ou o veículo de comunicação social.
Isto é certo. Impossível negá-lo. Mas o exercício de tais liberdades não implica uma fuga do dever de observar todos os incisos
igualmente constitucionais que citamos no tópico anterior, relacionados com a liberdade mesma de imprensa (a começar pela
proibição do anonimato e terminando com a proteção do sigilo
da fonte de informação)[9].

No mesmo julgamento, e de modo ainda mais asser-
tivo, o ministro Celso de Mello assim expôs:

impõe-se observar, ainda, senhor presidente, que o reconhecimento da insubsistência da Lei de Imprensa não implicará

9. Voto do ministro Carlos Ayres Britto referente à ADPF 130. Disponível em: <http://redir.stf.jus.br/>.

supressão de uma importantíssima prerrogativa de que dispõem os jornalistas, consistente no direito de preservação do sigilo da fonte. Como se sabe, nenhum jornalista poderá ser constrangido a revelar o nome de seu informante ou a indicar a fonte de suas informações, sendo certo, ainda, que não poderá sofrer qualquer sanção, direta ou indireta, quando se recusar a quebrar esse sigilo de ordem profissional. Na realidade, essa prerrogativa profissional qualifica-se como expressiva garantia de ordem jurídica que, outorgada a qualquer jornalista em decorrência de sua atividade profissional, destina-se, em última análise, a viabilizar, em favor da própria coletividade, a ampla pesquisa de fatos ou eventos cuja revelação se impõe como consequência ditada por razões de estrito interesse público. O ordenamento positivo brasileiro, na disciplina específica desse tema (Lei n. 5.250/67, art. 71), prescreve que nenhum jornalista poderá ser compelido a indicar o nome de seu informante ou a fonte de suas informações. Mais do que isso, e como precedentemente assinalado, esse profissional, ao exercer a prerrogativa em questão, não poderá sofrer qualquer sanção, direta ou indireta, motivada por seu silêncio ou por sua legítima recusa em responder às indagações que lhe sejam eventualmente dirigidas com o objetivo de romper o sigilo da fonte.[10]

Mesmo com diversos trechos no sentido acima destacado, parece ser difícil a tarefa de esclarecer aos magistrados que o sigilo da fonte não se destina a proteger tão somente o jornalista e/ou a identidade de seus informantes, mas a coletividade. O instituto do sigilo da fonte assegura a livre circulação da informação, ou melhor, a concretização do direito constitucional de informar e ser informado.

10. Voto do ministro Celso de Mello referente à ADPF 130. Disponível em: <http://redir.stf.jus.br/>.

11. LIBERDADE DE EXPRESSÃO: QUE LIÇÕES PODEMOS APRENDER COM A EXPERIÊNCIA AMERICANA[1]

Ronaldo Porto Macedo Junior

O debate em torno da liberdade de expressão vem crescendo exponencialmente no Brasil, acompanhando uma tendência mundial. Notícias sobre ações contra "discursos de ódio" relacionados à discriminação racial e religiosa vem se tornado frequentes, assim como a imposição de elevadas indenizações por danos morais, provenientes de diversos tribunais, por alegado abuso na liberdade de expressão. Esse fenômeno vem desafiando o "direito de ridicularizar" usualmente admitido em shows de humor,

---

1. Uma versão original em inglês foi publicada em R.P. Macedo Junior, Freedom of Expression: What Lessons Should We Learn From US Experience?, *Revista Direito GV*, São Paulo, v. 13, n. 1, Jan.-Apr. 2017, p. 274-302.

charges e cartuns de jornais. Ao mesmo tempo, a opinião pública brasileira em geral tende a simpatizar com regras mais restritivas que constituem uma ameaça à liberdade de expressão.

Há, hoje em dia no Brasil, uma concordância inesperada entre grupos ideológicos de direita, grupos religiosos e muitos movimentos pró-direitos humanos que apoiam o modelo europeu de livre expressão, no qual são admitidas importantes restrições à livre expressão, se comparado com o modelo americano, mais liberal. De muitas formas, o "modelo brasileiro", baseado na doutrina da ponderação (por vezes também denominada de Doutrina da Proporcionalidade) e na vaga conceitualização da dignidade humana, confere ao Judiciário um alto grau de discricionariedade para decidir os limites da liberdade de expressão. Decisões judiciais fundamentadas na retórica da ponderação estão se tornando dominantes no Supremo Tribunal Federal. Esta retórica, porém, tende a não contribuir para aprofundar os argumentos que fundamentam os critérios para justificação dessas restrições.

É comum ouvir que os assuntos relacionados à liberdade de expressão são demasiado complexos e que envolvem diversas dimensões e distinções relacionadas ao contexto da comunicação. Discutir todas essas possíveis dimensões está fora do escopo deste artigo que tem como objetivo demarcar alguns aspectos gerais do debate contemporâneo brasileiro sobre a liberdade de expressão e refletir sobre a forma pela qual a teoria e a prática americanas nos podem ser úteis. Mostrarei a seguir alguns casos recentes que retratam o modo como a liberdade de expressão vem sendo interpretada no Brasil: 1. Proibição do livro *Mein Kampf*; 2. Proibição de *outdoors* com citações bíblicas durante a Parada Gay; 3. Marcha da Maconha; 4. Caso Levy Fidelix; 5. Caso Ellwanger.

Proibição do Mein Kampf

No dia 2 de fevereiro de 2016, um juiz da vara criminal da cidade do Rio de Janeiro emitiu um a decisão liminar proibindo a venda e distribuição da obra de Adolf Hitler, Mein Kampf (Minha Luta). A decisão foi baseada no artigo 20 da Lei n. 7.716/89 (Lei de Crime Racial) que condena aquele que vier a "praticar, induzir ou incitar a discriminação ou preconceito de raça, cor, etnia, religião ou procedência nacional" a até três anos de prisão. Obviamente, a censura foi baseada no conteúdo racista do livro.

O juiz alegou que a publicação de *Mein Kampf*:

tem o condão de violar a lei penal, pois fomenta a prática nefasta da intolerância a parcela determinável de pessoas humanas. [...] É fato notório e, portanto, independe de produção de prova específica sobre a existência do fato, que o líder nazista, autor da obra intitulada "Minha Luta", pregava e incitava a prática do ódio contra judeus, negros, homossexuais, ciganos etc. Diante do evidente conflito existente entre os fundamentos e objetivos da República Federativa do Brasil, especificamente, a defesa da pessoa humana, evidenciado está que qualquer manifestação de pensamento apto a ensejar o fomento a qualquer forma de discriminação à pessoa humana contraria os mais basilares valores humanos e jurídicos tutelados pela República Federativa do Brasil. Registre-se que a questão relevante a ser conhecida por este juízo é a proteção dos direitos humanos de pessoas que possam vir a ser vítimas do nazismo, bem como a memória daqueles que já foram vitimados. [...] Ademais, atualmente a hermenêutica do pós-positivismo soluciona a questão, pela harmonização entre os direitos fundamentais aparentemente em conflito. Aqui, no caso concreto, tenho que inexiste conflito real a ser solucionado, pois a publicação da obra comumente chamada "bíblia do nazismo" não está a tutelar o direito à informação. Pelo contrário, a obra em questão tem o condão de fomentar a lamentável prática que a história demonstrou ser responsável pela morte de milhões de pessoas inocentes. [...] Portanto, contrária à defesa dos direitos humanos. Ainda que não se entenda assim, dúvida inexiste que se houver um confronto entre os interesses jurídicos em comento, vai prevalecer a tutela dos direitos humanos, seja se utilizando da técnica de solução de conflitos consistente na preponderância de interesses, seja pela técnica da harmonização entre os interesses em conflito. Esta afirmativa decorre da prevalência dos direitos humanos sobre qualquer outro que vá de encontro a este[2].

Importante observar que a justificativa dada ao caso é um bom exemplo não só da aceitação naturalizada da ponderação como "o método" de interpretação constitucional, mas também evidencia uma análise falha e superficial do conceito de incitação, resultando em uma condenação baseada naquilo que nos Estados Unidos é identificado como princípio da "má tendência" (*bad tendency principle*)[3], há muito superado naquela jurisdição.

2. Processo n. 0030603-92.2016.8.19.000.

3. Este princípio foi pioneiramente formulado nos Estados Unidos no julgamento pela Suprema Corte do caso Patterson *vs.* Colorado (1907). Segundo ele, é possível uma restrição à liberdade de expressão caso se entenda que uma forma de discurso tem apenas a tendência a incitar ou provocar uma atividade ilícita. (Na lei dos EUA, o princípio da má tendência [bad tendency principle] é um teste que permite a restrição da liberdade de expressão pelo governo quando se acredita que uma forma de discurso tem uma única tendência para incitar ou causar atividade ilegal.) Apesar de o princípio ter sido substituído pelo princípio do "perigo claro e iminente" (*clear and present danger*) no caso Schenck *vs.* United States (1919) ele voltou a ser invocado no caso Abrams *vs.* United States (1919), quando o tribunal o utilizou para manter a condenação de um imigrante russo que distribuiu panfletos convocando uma greve geral e defendendo ideias revolucionarias e socialistas. O princípio da *bad tendency* foi invocado numa série de perseguições políticas, como, por exemplo, no caso Whitney *vs.* California (1927), quando uma mulher foi condenada em razão de sua filiação ao Partido Comunista. O princípio da *bad tendency* veio a ser revogado somente no caso Brandenburg *vs.* Ohio (1969), quando foi substituído pelo teste da "iminência da ação ilegal" (*imminent lawless action*).

Proibição de Outdoors Com Citações
Bíblicas Durante a Parada Gay (2011)

> *Em agosto de 2011, um juiz de Ribeirão Preto, interior*
> *do estado de São Paulo, proibiu a Igreja Evangélica*
> *Casa de Oração de divulgar* outdoors *com citações*
> *bíblicas de conteúdo homofóbico na véspera da sétima*
> *Parada Gay na cidade. Entre as citações bíblicas,*
> *destacam-se:*

"E criou Deus o homem à sua imagem; à imagem de Deus o criou; homem e mulher os criou" (*Gênesis* 1:27);

"Quando também um homem se deitar com outro homem, como com mulher, ambos fizeram abominação; certamente morrerão; o seu sangue será sobre eles" (*Levítico* 20:13);

"Por isso Deus os abandonou às paixões infames. Porque até as suas mulheres mudaram o uso natural, no contrário à natureza. E, semelhantemente, também os homens, deixando o uso natural da mulher, se inflamaram em sua sensualidade uns para com os outros, homens com homens, cometendo torpeza e recebendo em si mesmos a recompensa que convinha ao seu erro" (*Romanos* 1:26, 27).

No dia 10 de dezembro de 2015, o Tribunal de Justiça de São Paulo manteve a proibição. De acordo com a sentença:

não se trata de simples expressão de religiosidade, o que poderia perfeitamente ocorrer no interior do templo, na presença dos fiéis respectivos, observando-se, aí sim, a liberdade de crença e também de culto, porém, a igreja apelante se predispôs a fazer *lobby* de suas convicções religiosas, no entanto, referido procedimento afronta a opção sexual de outros, o que não pode sobressair. A autodeterminação da pessoa dá o direito de optar ou eventualmente praticar a sua sexualidade da maneira que lhe aprouver, não cabendo ao Estado e a nenhuma religião se manifestar publicamente em afronta à mencionada Liberdade. No Estado Democrático de Direito a dignidade da pessoa humana deve prevalecer, por conseguinte, comportamento inadequado como o perpetrado pela recorrente deve ser abolido, pois não se admite incentivo ao preconceito, mesmo porque, sob os auspícios da religião vem atingir quem não se coaduna com os dogmas correspondentes. No mais, a sociedade livre exige que todos que a integram exerçam suas liberdades individuais sem cerceamento, e o outdoor lançado não observou os requisitos correspondentes, portanto, a retirada estava apta a sobressair, uma vez que não levara em consideração a aludida dignidade da pessoa humana abrangendo, inclusive, a sexualidade[4].

Marcha da Maconha –
Crime da Apologia de Crime[5] (2011)

> *Em 15 de junho de 2011, o Supremo Tribunal Federal decidiu a favor das demonstrações públicas que defendiam a legalização do uso de drogas como a Marcha da Maconha. O caso em questão foi levantado em 2009 pelo Ministério Público Federal, que exigiu uma interpretação do artigo 287 do Código Penal – que prescreve punição de três a seis meses em prisão e multa a quem publicamente justificar, defender ou exaltar atos criminais ou autores de um crime – de acordo com a Constituição.*

O Supremo Tribunal Federal defendeu neste caso a tese de que os direitos constitucionais à liberdade de reunião e à liberdade de expressão devem ser respeitados. Ele também sustentou que as manifestações não devem ser consideradas crimes, pois não incentivam nem defendem o uso de drogas, mas sim uma revisão de políticas públicas. A decisão derrubou várias outras de tribunais inferiores que baniram as manifestações por considerá-las "apologias ao uso de droga e a crimes" e "apoiarem o tráfico de drogas". O STF manteve que as marchas deveriam

4. Ação Civil Pública n. 0045315-08.2011.8.26.0506, 6ª Vara Cível da Comarca de Ribeirão Preto/SP.

5. Usualmente denominado *crime advocacy* no direito americano.

ser permitidas se as autoridades quisessem respeitar os direitos à liberdade de expressão e à união. As marchas seriam, portanto, uma forma dos cidadãos exercerem esses direitos:

Nada se revela mais nocivo e mais perigoso do que a pretensão do Estado de reprimir a liberdade de expressão, mesmo que se objetive, com apoio nesse direito fundamental, expor ideias ou formular propostas que a maioria da coletividade repudie, pois, nesse tema, guardo a convicção de que o pensamento há de ser livre, sempre livre, permanentemente livre, essencialmente livre.[6]

Caso Levy Fidelix – Homofobia (2014)

> *O candidato à presidência nas eleições de 2014 e presidente do PRTB, Levy Fidelix, promoveu um discurso considerado homofóbico durante o debate presidencial do dia 28 de setembro de 2014. Fidelix foi, em seguida, condenado a pagar uma indenização de um milhão de reais por danos morais numa ação civil promovida pelos movimentos LGBT e pela Defensoria Pública da Cidade de São Paulo. O Tribunal de Justiça de São Paulo aceitou o pedido de recurso de Fidelix e suspendeu a indenização[7].*

Durante um debate televisionado com outros presidentes, Fidelix foi questionado sobre o motivo pelo qual muitos daqueles que defendem os valores da família tradicional se recusam a reconhecer o direito ao casamento civil de casais do mesmo sexo. Fidelix respondeu com uma declaração vulgar acerca das relações sexuais entre

6. ADPF n. 187, rel. ministro Celso de Mello. Disponível em: <http://www.stf.jus.br>.

7. Ver Apelação Cível n. 1098711-29.2014.8.26.0100, 4ª Câmara de Dir. Privado, rel. Natan Zelinschi de Arruda, acórdão publicado em agosto de 2017.

homossexuais não levarem à reprodução: "Esses que têm esses problemas realmente sejam atendidos no plano psicológico e afetivo, mas bem longe da gente, bem longe mesmo porque aqui não dá". O candidato ainda declarou ser contra a união homoafetiva porque "dois iguais não fazem filho": "Coloque cem pessoas de mesmo sexo numa mesma ilha e volte em cem anos. Eles estarão todos mortos". Ele concluiu dizendo que não enxergava nenhum problema se homossexuais agissem "em privado", mas que o exibicionismo era inaceitável e repetiu que o "aparelho excretor não reproduz" e questionou "como pode um pai de família, um avô, ficar aqui escorado porque tem medo de perder voto". Finalizou declarando: "Prefiro perder esses votos. Vamos acabar com esta historinha", sugerindo que deveria ser corajoso e enfrentar a intimidação produzida pela visão que apoia os interesses da comunidade gay. "Eu vi agora o santo padre, o papa, expurgar, fez muito bem, do Vaticano um pedófilo. Está certo! Nós tratamos a vida toda com a religiosidade para que nossos filhos possam encontrar realmente um bom caminho familiar". As declarações polêmicas de Levy Fidelix durante o debate causaram fortes reações de repercussão nacional e internacional.

O Tribunal de Justiça de São Paulo considerou que as declarações do candidato à presidência haviam "ultrapassado os limites da liberdade de expressão, incidindo em discurso de ódio". "Não se nega o direito do candidato em expressar sua opinião, contudo, o mesmo empregou palavras extremamente hostis e infelizes a pessoas que também são seres humanos e merecem todo o respeito da sociedade, devendo ser observado o princípio da igualdade". Além disso, as ofensas feitas à população LGBT propagam o falso sentimento de legitimação política do comportamento discriminatório, fortalecendo atos de exclusão e de violência contra esse grupo minoritário". "O discurso perpetrado, portanto, consubstancia-se não só como um desserviço à sociedade democrática; mais

do que isso, nega dignidade humana à população LGBT"[8].
No entanto, em revisão de mérito, Levy Fidelix foi absol-
vido da acusação[9].

Caso Ellwanger (STF) –
Negação de Racismo e Holocausto (2003)

> *Uma petição para concessão de* habeas corpus *foi*
> *impetrada diante do Supremo Tribunal Federal*[10]
> *em defesa do escritor e editor Siegfried Ellwanger,*
> *condenado em segunda instância pelo crime de antis-*
> *semitismo por publicar, vender e distribuir material*
> *antissemita. A Constituição Federal de 1988 no Artigo*
> $5^{\underline{o}}$, *inciso* XLII, *determina que "a prática do racismo*
> *constitui crime inafiançável e imprescritível, sujeito à*
> *pena de reclusão, nos termos da lei". Argumentando*
> *que judeus não podem ser classificados como raça,*
> *o requerente alegou que o crime de discriminação*
> *antissemita pelo qual ele foi condenado não havia a*
> *conotação racial necessária para barrar a prescrição*
> *tal como disposto pelo Artigo* $5^{\underline{o}}$, XLII, *limitado apenas*
> *ao crime de racismo.*

O Plenário do Supremo, baseando-se na premissa de que
não há subdivisões biológicas entre a espécie humana,
declarou que a divisão de seres humanos em raças
resulta de um processo meramente político-social que
fomenta o racismo, gerando discriminação e preconceito
segregacionista.

Argumentou-se que a discriminação contra judeus,
que resulta do cerne do pensamento nacional-socialista de que judeus e arianos formam raças distintas, é

8. Ibidem.
9. Ibidem.
10. Ver Habeas Corpus n. 82.424/RS, rel. min. Moreira Alves, Dj.
19.03.2004, STF. Disponível em: <portal.stf.jus.br/>.

irreconciliável com os padrões éticos e morais definidos na Constituição e defendidos no mundo contemporâneo, no Estado Democrático de Direito. Consequentemente, o crime de racismo é verificado pelo simples uso desses estigmas, que constituem uma agressão contra os princípios sobre os quais a sociedade humana é construída e organizada – entre eles, a respeitabilidade e a dignidade humana e sua coexistência pacífica no meio social.

Portanto, foi reconhecido que editar e publicar trabalhos escritos promovendo ideias antissemitas (que procuram reviver e dar credibilidade à concepção racial definida pelo regime nazista, baseada na suposta inferioridade e desqualificação do povo judeu e negando o holocausto) equivale a incitar discriminação com elevado conteúdo racista, o que é ainda mais sério se levarmos em conta as consequências históricas dos atos nazistas. O entendimento dos ministros foi o de que, nesse caso, a conduta do requerente em publicar livros com conteúdo antissemita foi explícita, revelando a intenção manifesta de ludibriar, já que ele se baseou na premissa incorreta de que judeus não só são uma raça, mas, mais do que isso, um segmento racial pernicioso, fundamentalmente e geneticamente inferior. Dessa forma, a discriminação cometida, deliberada e especificamente direcionada contra judeus constitui um ato ilícito de prática de racismo com as consequências gravosas que o acompanha.

Por fim, foi decidido que, assim como qualquer direito individual, a garantia constitucional à liberdade de expressão não é absoluta. Ela pode ser restringida quando atravessa os limites morais e jurídicos, como vimos nos casos nos quais manifestações imorais são equiparadas a violações penais. Foi por essa razão que nos casos concretos a garantia da liberdade de expressão foi retraída em nome dos princípios da dignidade da pessoa humana e da igualdade judicial.

A escolha desses casos foi um pouco arbitrária. Muitos outros casos acerca de discursos comerciais, comunicação na internet, doações de corporação a campanhas eleitorais, discursos religiosos, discursos de agressão direta (*fighting words*) poderiam ter sido adicionados. Entretanto, esses que nós escolhemos satisfazem o propósito de mostrar que o debate sobre os limites e sobre o próprio conceito de liberdade de expressão vem se tornando cada vez mais complexo e intenso. Esse fenômeno tem desencadeado um debate muito interessante – mesmo se às vezes conceitualmente pobre – sobre os limites da livre expressão e dos mecanismos e modelos de interpretação a serem utilizados em determinadas situações.

A Constituição Brasileira de 1988 considerou como direito fundamental a liberdade de expressão. Seu conteúdo não difere profundamente do modo usual pelo qual outras constituições latino-americanas protegem esse direito[11]. A Constituição é o resultado de um processo de democratização que sucedeu o fim de um regime autoritário. Por essa razão, sua principal linha de raciocínio política é baseada na ideia liberal de que a livre expressão é um instrumento central para a proteção do regime democrático. As palavras do ministro Barroso,

11. De acordo com ele:

Art. 5º – Todos são iguais perante a lei, sem distinção de qualquer natureza, garantindo-se aos brasileiros e aos estrangeiros residentes no País a inviolabilidade do direito à vida, à liberdade, à igualdade, à segurança e à propriedade, nos termos seguintes:

iv – é livre a manifestação do pensamento, sendo vedado o anonimato;

ix – é livre a expressão da atividade intelectual, artística, científica e de comunicação, independentemente de censura ou licença;

xiv – é assegurado a todos o acesso à informação e resguardado o sigilo da fonte, quando necessário ao exercício profissional;

Art. 220 – A manifestação do pensamento, a criação, a expressão e a informação, sob qualquer forma, processo ou veículo não sofrerão qualquer restrição, observado o disposto nesta Constituição.

§ 1º Nenhuma lei conterá dispositivo que possa constituir embaraço à plena liberdade de informação jornalística em qualquer veículo de comunicação social, observado o disposto no art. 5º, iv, v, x, xiii e xiv.

§ 2º É vedada toda e qualquer censura de natureza política, ideológica e artística.

mencionadas acima, ilustram isso. De acordo com essa visão, o livre exercício da crítica politizada é necessário para garantir a transparência e a responsabilidade do exercício do poder político, como também garantir um espaço a grupos minoritários e ideologias políticas outrora silenciados durante o período da ditadura. A maior parte da doutrina jurídica sobre a livre expressão é baseada nessas justificações, que correspondem às expectativas políticas dominantes dos brasileiros em 1988. Não se trata de um fato surpreendente visto que muitos artistas, políticos e intelectuais, partidos políticos e jornalistas foram censurados e perseguidos durante o regime militar.

De forma geral, essas linhas de raciocínio traçam similaridades profundas com a defesa da livre expressão feita por John Stuart Mill. É também possível identificar nos casos mencionados, e também na doutrina tradicional, a ideia de que a livre expressão é um instrumento poderoso para a concepção do "Mercado de Ideias", um local onde somente as melhores ideias prevalecem. Esse tipo de argumento é muito parecido com o que nos Estados Unidos é comumente chamado de conceito meiklejohniano da livre expressão[12].

Alguns dos casos mencionados acima representam o desafio enfrentado pela justificação brasileira tradicional para a livre expressão. De um lado, é interessante notar que intelectuais, pessoas comuns e juristas estiveram divididos sobre a proibição da comercialização do *Mein Kampf* e sobre a sentença atribuída a Levy Fidelix, que foi obrigado a pagar um milhão de reais em danos morais coletivos pelo discurso professado no debate presidencial de 2014. Em ambos os casos, os argumentos judiciais atraíram grupos de esquerda pró-direitos humanos e simpatizantes conservadores que, no passado, aprovaram a proteção constitucional à livre expressão.

12. Ver R. Post, Hate Speech, em I. Hare; J. Weinstein (eds.), *Extreme Speech and Democracy*; idem, Reconciling Theory and Doctrine in First Amendment Jurisprudence, *California Law Review*, v. 88.

Por outro lado, grupos progressistas que apoiaram a proibição de *outdoors* com passagens bíblicas homofóbicas durante a Parada Gay também aplaudiram a decisão sobre a Marcha da Maconha, enquanto membros conservadores da comunidade evangélica repudiaram ambas as decisões.

A característica mais saliente a ser ressaltada é a falta de uma reflexão mais profunda e refinada capaz de mostrar alguma coerência teórica por trás desses casos. É difícil evitar a impressão de que os diferentes padrões adotados nessas decisões são, por fim, uma mera expressão dos vieses ideológicos que guiam as preferências dos juízes. Em outras palavras, é difícil encontrar argumentos jurídicos que possam satisfazer a exigência de integridade. Lendo os casos, tem-se facilmente a ideia de que as decisões foram *ad hoc* (mesmo naquelas em que se utilizou a teoria da ponderação (que também denominarei de teoria da proporcionalidade) para recorrer ao princípio da dignidade humana), e que as doutrinas modernas são apenas um disfarce para uma mera discrição judicial.

A ausência de padrões claros e a tensão entre diferentes conceitualizações sobre o que é livre expressão também são encontradas no caso Ellwanger, comumente tratado como o caso principal acerca do assunto. É revelador que ambos os ministros Marco Aurélio Mello e Gilmar Mendes Ferreira invocaram a doutrina de ponderação de Robert Alexy para chegarem a opiniões contrárias! Após terem feito um resumo da teoria da proporcionalidade, os dois ministros simplesmente ignoraram diversas etapas justificatórias, pulando direto para uma conclusão. Além disso, qualquer um que leia o caso da Marcha da Maconha pode notar a tensão entre a justificativa predominante ali adotada e a justificativa e o método utilizados no caso Ellwanger. Isso é particularmente evidente quando os ministros discutem os limites da prática de incitação ao crime (*crime advocacy*).

No caso Ellwanger, a pré-existência de uma lei federal considerando racismo como crime foi uma das bases da decisão sobre a negação do Holocausto. A interpretação predominante considerou a expressão de tais ideias equivalente à prática de racismo. No entanto, no caso da Marcha da Maconha, o argumento de advogar a favor da prática do crime (*crime advocacy*) recebeu uma interpretação muito mais flexível e solta. Há uma evidente falta de conceitualização de termos como incitação e às vezes a aceitação implícita da ofensividade como um motivo razoável para limitar a livre expressão. Ademais, o Judiciário tende a não dar a devida atenção ao fato de que alguns discursos são feitos no âmbito do debate público, enquanto outros não. A democracia (usualmente definida de forma vaga) é invocada como a razão exclusiva para a liberdade de expressão.

As decisões feitas pelo Judiciário brasileiro acerca da liberdade de expressão são sintomas claros de duas diferentes deficiências intelectuais. De um lado, as decisões podem ser vistas como um uso técnico errôneo da doutrina da ponderação[13]. Uma vez que a influência da doutrina alemã da ponderação ainda é uma novidade no Brasil e que as retóricas baseadas em princípios não são ainda um paradigma constituído pelos juristas brasileiros, pode-se imaginar que, no futuro, uma dogmática jurídica melhor compreendida e sedimentada possa prover um método para afastar a forte sensação de discricionariedade que acompanha o seu emprego pelos tribunais. Afinal, se poderia argumentar que a teoria da ponderação ainda não teria sido bem compreendida pelos juristas brasileiros. O aperfeiçoamento da educação jurídica poderia também ser considerada como um bom remédio contra essa deficiência. Há razões para sermos céticos quanto a este otimismo ingênuo de que melhor treinamento no uso das técnicas de ponderação poderia resolver os problemas envolvidos na compreensão dos limites da liberdade

---

13. Ver V.A. da Silva, O Proporcional e o Razoável, *Revista dos Tribunais*, n. 798.

de expressão. No entanto, discutir em detalhe os motivos para este ceticismo exigiria muito mais do que é possível analisar nos limites desse artigo.

É importante também destacar que o uso das técnicas de ponderação tem sido naturalizado na doutrina e na prática brasileiras. Assim, a aplicação do método da ponderação nos casos de livre expressão é dificilmente contestada pelos juristas, que discordam muito mais sobre como aplicar a ponderação ou sobre como avaliar os direitos, decidindo pela saída caso-a-caso. Uma vez que os juristas quase nunca desafiam a preferência por esse método, a ponderação tem sido trivializada e tende a ser naturalizada no Brasil, admitida como o único método adequado para a compreensão dos desafios implicados pela interpretação da liberdade de expressão e seus limites.

Essa visão da natureza dos valores constitucionais, além de assumir que o conflito entre princípios é inevitável e precisa sempre da ponderação, também dá uma proeminência especial ao princípio da dignidade humana. Novamente, um bom paradigma de tal posição é encontrado nas ideias do ministro Luís Roberto Barroso. Para ele,

no Brasil, Ellwanger queria publicar livros negando a existência do holocausto. [...] Cada um desses cenários representa casos reais decididos por supremas cortes ao redor do mundo, compartilhando de uma característica comum: o significado e o escopo da ideia da dignidade humana. [...] "O outro grande papel do princípio da dignidade humana é o papel interpretativo. A dignidade humana faz parte do núcleo de conceitos dos direitos fundamentais, da mesma forma que a igualdade, a liberdade ou a privacidade. Portanto, ela necessariamente informa a interpretação de tais direitos constitucionais, auxiliando na definição de seu significado em casos particulares[14].

14. L.R. Barroso, "Here, There and Everywhere": Human Dignity in Contemporary Law and in the Transnational Discourse (August 30, 2011), *Boston College International and Comparative Law Review*, v. 35, n. 2, p. 347.

A impressão possível é a de que uma perspectiva interpretativa dworkiniana tivesse sido a base para decisões. Porém, ela é descartada quando a ponderação é reconhecida como a consequência natural dessa observação. A naturalização da ponderação é indicada claramente como a conclusão do argumento, apesar de ser rejeitada pelas visões de Dworkin. Barroso continua:

Seria contraditório tornar a dignidade humana um direito em si mesmo. No entanto, ele é visto como a base para todos os direitos verdadeiramente fundamentais, ou pelo menos como a fonte para parte do seu conteúdo fundamental. Além do mais, se a dignidade humana fosse considerada um direito constitucional em si mesmo, ele precisaria ser sopesado contra outros direitos constitucionais, colocando-o numa posição mais fraca do que se ele fosse utilizado como um parâmetro externo para soluções permissíveis no caso de colisão de direitos. Como um princípio constitucional, no entanto, a dignidade humana precisa ser sopesada contra outros princípios.[15]

Recapitulando, a doutrina jurídica dominante acerca da livre expressão combina três características básicas: uma justificativa millian-meiklejohniana sobre a liberdade de expressão; a necessidade inevitável de ponderar valores constitucionais conflitantes como a única e exclusiva metodologia de interpretação constitucional, e o reconhecimento da dignidade humana como valor fundacional. Essa estrutura vem acompanhada de uma conceitualização vaga de dignidade humana e a defensa de uma decisão processual caso a caso.

Lições Sobre a Experiência Americana

Muitos estudiosos da livre expressão já reconheceram que a experiência americana, ao lidar com o assunto, é tão rica

15. Ibidem, p. 359.

que mal pode ser comparada[16]. A teoria do direito à liberdade de expressão brasileira pode se beneficiar muito da experiência e reflexão americana. O meu objetivo nesta parte do artigo é resumir algumas das mais importantes experiências americanas nessa vasta área de estudo, o que nos ajudará a sustentar nossa afirmação inicial, de que temos muito o que aprender com a experiência americana.

Acreditamos ser possível comparar as tradições americanas e brasileiras. Para tal, separaremos as principais características da jurisprudência da Primeira Emenda em três principais pontos: (a) críticas fundamentais ao conceito de liberdade de expressão (mais precisamente aos seus fundamentos racionais mais relevantes; (b) o desenvolvimento de um aparato conceitual rico; (c) inovações metodológicas (a alternativa à ponderação *ad hoc*). Geoffrey Stone[17] fez um argumento convincente quanto aos dez aspectos mais importantes, que tomaremos como o ponto de partida de nossa análise.

Há uma conexão necessária entre liberdade de expressão e suas bases filosóficas. A filosofia política que a embasa está enraizada no pensamento americano sobre a livre expressão. Não é esse o caso no Brasil, onde o tratamento filosófico sobre o assunto – especialmente nos termos da pressuposta teoria da justiça nele embutida – é geralmente ausente na maior parte da prática jurídica e da doutrina constitucional (dogmatismo jurídico). A doutrina brasileira mais disseminada tende a aceitar como ponto de partida quase suficiente (e às vezes exclusivo) o inevitável e irreconciliável conflito entre direitos positivos e valores afirmados na Constituição.

---

16. Ver F. Schauer, Freedom of Expression Adjudication in Europe and the United States: A Case Study in Comparative Constitutional Architecture, em G. Nolte (ed.), *European and us Constitutionalism*, p. 12-14.

17. Ver G.R. Stone, Free Speech in the Twenty-First Century: Ten Lessons from the Twentieth Century, *Pepperdine Law Review*, v. 36, n. 2. Disponível em: <http://digitalcommons.pepperdine. edu/>.

Na nossa visão, a doutrina da Primeira Emenda levou as bases filosóficas da liberdade de expressão de forma mais séria. Isso causou grande impacto no tipo de análise conceitual desenvolvido nas cortes e jurisprudência americanas, o que é bastante evidente quando associam a definição dos propósitos da liberdade de expressão aos diferentes conceitos e valores da democracia, autonomia, autodeterminação e dignidade.

A experiência jurídica americana tem mostrado que qualquer análise jurídica sobre a livre expressão deve começar com uma teoria sobre o significado dessa expressão. Embora essa afirmação possa parecer óbvia, poucos países tomaram essa tarefa com tanta seriedade quanto os Estados Unidos. O breve dispositivo da Primeira Emenda provavelmente ajudou a esclarecer que se trata de uma etapa necessária. De acordo com Stone:

O juiz Oliver Wendell Holmes abandonou decisivamente este aparente significado no caso Schenck *vs.* Estados Unidos (1919)[18], com seu famoso exemplo de um falso grito de alarme de incêndio em um teatro cheio. A partir daquele momento, nós (americanos) reconhecemos que apesar do governo não poder "limitar" a liberdade de expressão, devemos definir o que queremos dizer com a "liberdade de expressão" que o governo não pode limitar. Essa liberdade, em outras palavras, não se autodefine e, de fato, nada no texto da Primeira Emenda nos ajuda a decidir o que ela significa.[19]

Em outras palavras, a primeira etapa necessária da análise da livre expressão exige algum tipo de investigação conceitual que está ligada a algum conceito de justiça, e seu significado, portanto, também está ligado a uma rede de conceitos morais e crenças políticas.

Os estudiosos americanos têm produzido um pensamento rico e profundo sobre as racionalidades básicas (*rationales*) a favor da livre expressão. As mais óbvias e

18. Schenck *vs.* United States, 249 u.s. 47 (1919).
19. G.R. Stone, op. cit.

diretas influências vêm do liberalismo clássico e do utilitarismo. Uma forma de analisar essas questões filosóficas é por meio da identificação das racionalidades básicas que partem da doutrina da Primeira Emenda. Elas se encontram indicadas tanto nos *leading cases* na Suprema Corte quanto na tradição de estudos americana de forma muito mais clara e precisa do que na doutrina e jurisprudência dos tribunais brasileiros.

A Constituição Americana e a Primeira Emenda são produtos do Iluminismo. A lógica do autogoverno se encontra enraizada na Declaração de Independência, que afirma que "governos são instituídos entre os homens, derivando seus justos poderes do consentimento dos governados"[20]. Por essa razão, os cidadãos devem se engajar no autogoverno por meio do uso da razão e do julgamento prático. Assim, uma fundamentação para a liberdade de expressão é a de que ela é indispensável ao autogoverno e à participação no processo democrático.

Essa fundamentação é frequentemente associada ao trabalho de Alexander Meiklejohn, mas ela já fora articulada muito antes pelo juiz Brandeis em Whitney *vs.* California[21]. Segundo essa racionalidade, numa hierarquia de elementos que compõem a liberdade de expressão, o discurso político é aquele que se encontra no topo. Essa articulação oferece fortes razões para que somente os discursos que contribuam com a educação cívica dos cidadãos sejam protegidos – ou seja, o "discurso político"[22]. No entanto, a lógica de um autogoverno político concede proteção política para apenas alguns

---

20. Estados Unidos, Declaração de Independência, 1776, § 2º.

21. Ver Whitney *vs.* California, 274 U.S. 357 (1927). Para uma descrição histórica crítica destas ideias, ver R. Post, Hate Speech, em I. Hare; J. Weinstein (eds.), op. cit.; idem, Reconciling Theory and Doctrine in First Amendment Jurisprudence, *California Law Review*, v. 88.

22. Ver A. Meiklejohn, *Free Speech and its Relation to Self-Government*. Para um comentário sobre este processo, ver R. Post, Reconciling Theory and Doctrine in First Amendment Jurisprudence, *California Law Review*, v. 88.

tipos de expressão, enquanto outras (como a pornografia, por exemplo) permanecem desamparadas.

É evidente que a racionalidade do autogoverno conecta a justificativa para liberdade de expressão às teorias e justificativas democráticas. Estudiosos americanos têm produzido um vasto e perspicaz debate sobre como diversas teorias de justiça gerariam diferentes impactos na jurisprudência sobre a livre expressão. Entre as mais importantes contribuições estão as de Rawls e da filosofia política pós-Rawls.

Há também a chamada "racionalidade do quarto estado". De acordo com Stone,

> Ela sustenta, como uma questão prática, que os cidadãos não têm tempo nem recursos necessários para se informar adequadamente sobre as ações tomadas pelo seu governo, ou sobre as mudanças no mundo ao seu redor. Deve haver, portanto, um grupo dentro da sociedade cujo propósito profissional primário é a coleta, organização e distribuição em massa de informação sobre tais ações e eventos. Na nossa sociedade esse grupo é, obviamente, a mídia institucional, às vezes denominada "o quarto estado".[23]

A racionalidade por trás desse tipo de proteção especial para a liberdade de imprensa se encontra no famoso caso New York Times Co. *vs.* Sullivan[24]. Muitos estudiosos, entre eles Owen Fiss, teceram críticas à preponderância absoluta desse princípio, e chamaram a atenção para os problemas de desequilíbrio de poder relacionados à livre imprensa e à mídia, áreas especialmente importantes no debate público. Voltaremos a esse ponto mais à frente[25].

---

23. M.R. Scordato, Free Speech Rationales after September 11th: The First Amendment in Post-World Trade Center America, *Stanford Law & Policy Review Issue*, v. 13, 2002, p. 198.

24. Ver New York Times Co. *vs.* Sullivan, 376 u.s. 254 (1964).

25. Ver O.M. Fiss, Free Speech and Social Structure, *Faculty Scholarship Series*. Disponível em: <http://digitalcommons.law.yale.edu/>, p. 366-372; idem, *The Irony of Free Speech*.

A apresentação da racionalidade do mercado de ideias na teoria constitucional americana é geralmente associada ao juiz da Suprema Corte da Justiça Oliver Wendell Holmes em sua divergência no caso Abrams *vs.* Estados Unidos (1919). Ele escreveu:

> Quando homens percebem que o tempo frustrou diversas crenças conflitantes (*fighting faiths*), eles passam a acreditar, ainda mais do que acreditam, nos próprios fundamentos de suas próprias condutas, que o último bem desejador é melhor atingido pelo livre mercado de ideias – que o melhor teste da verdade é o poder do pensamento em ser aceito na competição do mercado e que a verdade é o único solo sobre o qual seus desejos podem ser conduzidos com segurança.[26]

As raízes desse pensamento remontam às ideias de John Stuart Mill em sua obra *Sobre a Liberdade*[27]. Tal racionalidade afirma que a liberdade de expressão é importante porque, com a constante competição no mercado de ideias, as melhores ideias prevalecem sobre as concorrentes. Essa visão básica sobre ideias traça um paralelo tanto com o *laissez faire* econômico, quanto com os experimentos científicos do século XVIII.

Essa racionalidade fundamenta a ideia de que a liberdade de expressão cria um ambiente social "onde as ideias já aceitas e a ortodoxia convencional possam ser vigorosamente desafiadas, e essa constante interação competitiva entre ideias move a sociedade de forma mais rápida em direção a um entendimento verdadeiro sobre o mundo"[28]. É importante notar que há um foco nos benefícios potenciais à toda sociedade no lugar dos benefícios concretos a serem alcançados pelos indivíduos. Salienta-se, com isso, que a liberdade de expressão é uma ferramenta importante para gerar boas consequências a um bom governo, assim como à busca pela verdade.

26. Dissent Abrams *vs.* United States, 250 U.S. 616, 630 (1919).
27. Ver *On Liberty*.
28. M.R. Scordato, op. cit., p. 193-194.

A partir dessa lógica, não há hierarquia de opiniões. O valor dos diferentes tipos de opiniões depende somente da análise do mercado competitivo de argumentos. Contudo, a relevância da verdade varia de acordo com os diferentes tipos de verdade. Argumentos baseados nessa racionalidade são mais fortes na proteção de afirmações que têm capacidade de ser verdadeiras ou falsas, em comparação àquelas que não a têm. Isso é importante já que muitos argumentos desse tipo não são ligados a nenhuma verdade valorativa (*truth-value*), como por exemplo a arte, e muito menos à obscenidade ou pornografia[29]. É notável que muitas decisões judiciais brasileiras invocam essa racionalidade sem qualquer tipo de crítica ao julgar casos sobre livre expressão relacionadas à arte, religião e propaganda.

Além disso, argumenta-se por um lado que algumas comunidades expressivas são na prática mais aptas ao modelo comportamental implicitamente assumido pela teoria do mercado de ideias. Isto é, alguns grupos de pessoas e sua audiência operam de tal forma que maiores quantidades de discursos e de comunicação tipicamente resultam na produção de uma verdade maior[30].

Por outro lado, não é necessariamente correto dizer que qualquer tipo de competição vigorosa de ideias promova a verdade. O ambiente do debate foi desde sempre um lugar para sofistas e demagogos. Por essa razão, "a livre expressão interpretada através de uma lógica de mercado de ideias inevitavelmente geraria diferentes níveis de proteção constitucional aos discursos de diferentes comunidades expressivas e de diferentes pessoas"[31].

Por fim, é importante notar que, apesar da liberdade de expressão ser muitas vezes denominada de liberdade

---

29. Ver R. Dworkin, Is there a Right to Pornography?, *Oxford Journal of Legal Studies*, v. 1, n. 2, 1981, p. 177-212. Disponível em: <https://academic.oup.com/>.

30. Ver M.R. Scordato, op. cit., p. 193.

31. Idem.

de expressão negativa (isto é, uma ausência de constrangimentos coercitivos governamentais impostos em nossa atividade expressiva), alguns críticos vêm chamando atenção para a dimensão positiva, isto é, a conexão da liberdade de expressão à liberdade positiva. Um limite trazido por este tipo de justificativa se assemelha à crítica comumente feita contra a falha de mercado e a necessidade de regulações antitruste no mercado comercial. Algum tipo de regulação de mercado pode vir a ser mais eficiente quando o desequilíbrio de poder ameaça a entrada de novas opiniões numa competição justa.

Muitos estudiosos como Owen Fiss também chamaram atenção para o desequilíbrio estrutural de poder que muitas vezes afeta o ambiente da liberdade de expressão, que é controlada pelas grandes corporações midiáticas. Para ele,

Na maior parte das vezes, a tradição da liberdade de expressão pode ser entendida como uma proteção ao orador de rua (*street corner speaker*). Um indivíduo sobe numa caixa de sabão em uma esquina qualquer de uma cidade grande, começa a criticar a política governamental e depois é preso por perturbar a paz. Nesse contexto, a Primeira Emenda é concebida como um escudo, uma forma de proteger o indivíduo de ser silenciado pelo Estado.[32]

Fiss nota uma tensão entre as racionalidades tradicionais e dominantes sobre a livre expressão e a necessidade de uma nova conceitualização gerada pelas demandas por igualdade que cresceram durante a corte de Warren. Além disso,

o propósito da liberdade de expressão não é autorrealização [*self-actualization*], mas sim a preservação da democracia e o direito de um povo, como um povo, de decidir que tipo de vida ele deseja viver. A autonomia é protegida não por conta de seu valor intrínseco, como insistiria um Kantiano, mas sim como uma forma ou um instrumento de autodeterminação coletiva[33].

32. O.M. Fiss, *Faculty Scholarship Series*, p. 1408.
33. Ibidem, p. 1411.

Essa crítica dá ênfase à visão instrumental e consequencialista fortemente presente entre os estudiosos americanos da livre expressão[34].

Em oposição a Fiss, muitos juristas e muitas decisões judiciais insistem na ideia de que a liberdade de expressão é valiosa porque dá permissão e promove a autonomia e a autorrealização de cada indivíduo. Esse argumento conecta de forma direta a livre expressão às teorias de liberdade, ou à racionalidade da autorrealização individual[35]. As teorias da Primeira Emenda remontam essa lógica por meio do que diz a Declaração de Independência: "Todos os homens são criados iguais, de maneira a serem dotados pelo seu Criador de certos direitos inalienáveis, entre eles a vida, a liberdade e a busca pela felicidade"[36]. A liberdade de expressão individual, portanto, é um componente importante para uma vida feliz e satisfatória. Além disso, o governo tem o dever de criar as circunstâncias nas quais os indivíduos possam livremente tomar as próprias decisões sobre suas vidas (vida boa) e buscar sua autorrealização.

Por um lado, esse tipo de racionalidade é particularmente forte na proteção de discursos não políticos, como aqueles encontrados em demonstrações artísticas e na pornografia. Por outro lado, a livre expressão não é a única maneira, nem o único valor, que promove a autonomia e a autorrealização. Igualdade como um valor, leis antidiscriminatórias, entre outros, buscam o mesmo objetivo. Por essa razão, a importância relativa dessa racionalidade requer uma teoria de justiça mais compreensiva, na qual o lugar da liberdade de expressão e a sua "prioridade"[37] possam ser avaliadas. Além disso, a partir do momento em que se admite a existência de outros elementos da vida humana que possam contribuir

34. Ibidem, p. 1414.
35. Ver Z. Chafee Jr., *Free Speech in the United States*.
36. Estados Unidos, Declaração de Independência, 1776, § 2º.
37. Ver J. Rawls, *Political Liberalism*.

tanto quanto a oportunidade de se expressar livremente, ou até mais, para a autonomia e para a autorrealização pessoais, há uma controvérsia sobre a importância relativa da livre expressão ter de ser avaliada a partir de um tipo de teste de ponderação ou não.

Jeremy Waldron escreveu recentemente sobre esse tópico, argumentando que a "noção social acerca da segurança" de não ser rejeitado ou excluído de uma comunidade representa uma dimensão tão importante na dignidade de alguém (interpretado como igual em nível) que uma regulação que proíba discursos de ódio é necessária[38]. Essa afirmação é interessante, e também revela seus compromissos teóricos: para Waldron, o método de ponderação é uma necessidade inevitável para lidar com o choque de valores em decisões sobre livre expressão[39].

Ronald Dworkin confrontou esse argumento em um debate recente[40], onde se evidenciou a relevância não só das premissas básicas sobre valores conflitantes (noção da segurança *versus* autonomia da expressão; dignidade como *status* (*rank*) *versus* liberdade como uma exigência da dignidade). Para Dworkin, a dignidade é um conceito interpretativo, enquanto para Waldron a dignidade como *status* pode ser interpretada como um conceito sociológico ou criterial; a legitimidade como um conceito normativo interpretativo *versus* legitimidade como um conceito sociológico (criterial). Não é o escopo deste artigo analisar os méritos dos argumentos apresentados. O meu objetivo em mencioná-los é meramente apontar a inevitável dimensão filosófica do debate

38. Ver J. Waldron, op. cit.
39. Ibidem, p. 140, 145-146, 171-172.
40. Ver M. Herz; P. Molnar (eds.), *The Content and Context of Hate Speech: Rethinking Regulation and Responses*. Um debate interessante entre Waldron e Dworkin aconteceu durante uma conferência intitulada *Challenges to Multiculturalism* (Desafios ao Multiculturalismo), organizada pela New York Review of Book Foundation e pela Norwegian Foundation Fritt Ord durante os dias 25 e 26 de junho de 2012 em Oslo. Disponível em: <https://youtube.com>.

e as consequências que se seguem. Tal dimensão é dificilmente reconhecida na teoria do direito e na prática judicial brasileiras.

Também é importante notar que os interesses e valores promovidos pela racionalidade do mercado de ideias, e aqueles adotados pela racionalidade da autorrealização, podem diferir consideravelmente dependendo de como são definidos. Por um lado, a racionalidade do mercado de ideias corroboraria uma liberdade de expressão mais vigorosa contanto que a sociedade avançasse, mesmo se as condições que criassem tal avanço fossem prejudiciais à autonomia de alguns indivíduos. Por outro, seria possível dizer que[41] a racionalidade da autonomia e autorrealização promoveria uma liberdade de expressão expansiva contanto que alguns indivíduos se beneficiassem disso, mesmo se fosse evidente que a sociedade como um todo sairia prejudicada. No entanto, essa afirmação não estaria correta se nós considerássemos que o melhor objetivo para a sociedade fosse justamente garantir as condições para a autonomia e desenvolvimento individual. A diferença depende de levar em consideração uma perspectiva exclusivamente consequencialista ou uma alternativa que também leva em consideração as consequências, mas que não se define como consequencialista.

Ronald Dworkin[42] tem criticado profundamente esse ponto em seu artigo "Temos um Direito à Pornografia?", no qual afirma:

Devemos considerar duas estratégias diferentes que podem ser pensadas para justificar uma atitude permissiva. A primeira argumenta que, mesmo se a publicação e o consumo de pornografia fossem ruins à comunidade como um todo, a censura ou até mesmo a supressão da pornografia consideradas por si só, trariam, a longo prazo, consequências muito piores. Eu chamarei isso de estratégia "baseada em objetivos" (*goal-based strategy*).

41. Ver M.R. Scordato, op. cit., p. 195.
42. Ver *Oxford Journal of Legal Studies*.

A segunda argumenta que mesmo se a pornografia piorasse a comunidade, mesmo a longo prazo, seria ainda errado censurá-la ou restringi-la, porque isso violaria a moral individual ou os direitos políticos (*political rights*) dos cidadãos que são prejudicados pela censura. Eu chamarei isso de estratégia "baseada em direitos" (*rights-based strategy*).[43]

A segunda estratégia é baseada num famoso argumento dworkiniano de que os direitos morais fundamentais devem ser considerados como trunfos. Essas duas estratégias apontam para o próximo argumento sobre a ponderação como um método necessário e singular de interpretação a ser aplicado em conflitos envolvendo liberdade de expressão. É válido notar que nenhuma dessas racionalidades captura a complexidade dos problemas da liberdade de expressão, tampouco a teoria da Suprema Corte sobre a livre expressão. Portanto, decidir qual racionalidade é aplicável e qual base melhor se adapta aos casos específicos geralmente exige mais que uma mera ponderação por parte dos juízes. É necessário, de forma mais ou menos consciente, que se organize a gramática da liberdade de expressão de acordo com algumas premissas filosóficas (e teoria de justiça subjacente) não só como etapa preliminar antes da ponderação, mas às vezes para justamente evitar a ponderação (aqui entendida como teste de proporcionalidade). Será esse o tema a ser desenvolvido mais diretamente adiante.

A primeira lição importante oferecida pela jurisprudência americana acerca da livre expressão é o entendimento mais refinado da natureza da linguagem em diferentes contextos. O teste do perigo claro e iminente é frequentemente citado em decisões e doutrinas jurídicas como um importante teste para a análise da livre expressão. No entanto, uma visão mais refinada sobre a linguagem foi desenvolvida na jurisprudência americana desde pelo menos a década de 1970. Como nota Weinstein:

43. Ibidem, p. 177.

O teste anunciado em Brandenburg *vs.* Ohio foca no significado objetivo da linguagem do falante. Portanto, a questão-chave agora não é o potencial danoso do discurso, mas sim se a expressão em questão equivale a uma advocacia da violação do direito – o que significaria gozar da proteção da Primeira Emenda –, ou se ele cruza este limite produzindo a incitação à ilegalidade, tornando--se passível à supressão.[44]

Em Schenck *vs.* Estados Unidos[45], a Corte adotou um detector de "perigo claro e iminente" (*clear and present danger*) que Whitney *vs.* California subsequentemente expandiu para um detector de "má tendência" (*bad tendency*): se o discurso tem uma "má tendência" a causar sedição ou ilicitude, ele deve ser constitucionalmente proibido. Em Dennis *vs.* Estados Unidos[46], um caso que lida com as acusações aos supostos comunistas durante a vigência do *Smith Act* por apoiarem a derrubada do governo, usou-se o teste do "perigo claro e iminente". No entanto, as sentenças dos réus foram baseadas em atos que não tinham a menor possibilidade de levar a uma real destituição do governo.

O teste de Brandenburg (também conhecido como o teste do "perigo claro e iminente", composto por três diferentes elementos (intenção, iminência e possibilidade), introduziu um parâmetro mais atualizado e mais protetivo à liberdade de expressão. Desde Brandenburg, tem-se prevalecido o princípio de que garantias constitucionais à livre expressão e à livre imprensa não permitem ao Estado proibir ou proscrever defesa do uso da força ou da violação do direito, exceto quando tal defesa ou advocacia é dirigida a incitar ou produzir atos iminentemente ilícitos, e quando ela é capaz de, de fato, incitar ou produzir tais atos. No Brasil, os casos Levy Fidelix, a proibição do *Mein Kampf* e Ellwanger parecem mostrar um conceito

44. J. Weinstein, Extreme Speech, Public Order, and Democracy: Lessons from the Masses, em I. Hare; J. Weinstein (eds.), op. cit., p. 44.
45. Ver Schenck *vs.* United States, 249 U.S. 47 (1919).
46. Ver Dennis *vs.* United States, 341 U.S. 494 (1951).

pré-Brandenburg de incitação, adotando um argumento baseado na má tendência, utilizado também por muitos intelectuais influentes e militantes de direitos humanos.

A rica história da doutrina americana da Primeira Emenda e a abundância de dados obtidos ao estudá-la têm produzido algumas importantes percepções sobre o impacto do discurso em diferentes situações. Outra importante lição aos brasileiros é a de que certos argumentos, antes convincentes na proibição de discursos, hoje são reconhecidos como inadequados. Weinstein nota que:

> Olhando para os casos decididos sob o velho teste do "perigo claro e iminente", o juiz William O. Douglas observou que o perigo apresentado pelo discurso naqueles casos foi "levado a sério apenas pelos juízes tão apegados ao *status quo* que a análise os deixava nervosos".[47]

Acredito que o famoso caso Partido Nacional-Socialista da América *vs.* Vila dos Skokie, 432 US 43 (1977; também conhecido como Smith *vs.* Collin e *Skokie Affairs*) oferece um caso interessante para reflexão. A Suprema Corte de Illinois permitiu ao Partido Nacional-Socialista da América organizar uma passeata em Skokie (uma comunidade densamente habitada por judeus) usando a suástica como uma forma simbólica de livre expressão protegida pela Primeira Emenda, e determinou que a suástica em si não constituía uma ofensa direta (*fighting word*). Esse caso é geralmente usado como exemplo do "caráter extremista e, em certo sentido, do excepcionalismo americano" da doutrina da liberdade de expressão. Entretanto, muitos historiadores têm demonstrado que as consequências desse caso, ao invés de ameaçar a democracia americana, apenas fortaleceram-na. Um dos resultados foi a significativa contrarreação nos Estados Unidos contra o discurso público de caráter nazista,

47. Brandenburg *vs.* Ohio, 395 US 444 (1969).

contra o antissemitismo e contra o racismo de forma geral. O caso estimulou a introdução de disciplinas sobre a história do holocausto no currículo escolar do ensino médio e a construção de museus dedicados ao tema não só nos Estados Unidos, mas também mundo afora[48].

Em contraste com esta jurisprudência, no Brasil o caso Levy Fidelix teve como resultado a sanção de um milhão de reais em danos compensatórios, apesar das afirmações do ex-candidato terem provocado igualmente tanto um consenso esmagador entre políticos para o apoio à causa LGBT, quanto reações duramente críticas às suas ideias preconceituosas.

A história da Primeira Emenda americana também mostrou que as pessoas são facilmente dissuadidas de exercer sua liberdade de expressão. Portanto, se um indivíduo souber que ele pode ser preso pelo que disser, muitas vezes ele optará por abdicar de seu direito de expressão. Há o reconhecimento desse "efeito de esfriamento" (*chilling effect*), e do consequente poder que o governo possui de usar a intimidação para silenciar seus críticos e de dominar o debate público. No Brasil, a demanda de muitas ações coletivas pela indenização por danos morais tem possivelmente contribuído para esse efeito silenciador, especialmente quando os alvos são os valores morais dominantes. Uma sábia lição que se pode extrair daqui é que a produção de dados e pesquisas informadas sobre os diversos resultados possíveis antes de tomar qualquer medida orientada por uma ideia de consequência meramente possível. Consequencialismos baseados em palpites e adivinhações sempre representam um risco à liberdade de expressão.

---

48. Estes fatos são descritos em muitos artigos: L.C. Bollinger; A. Neier, The Skokie Legacy: Reflections on an "Easy Case" and Free Speech Theory, *Michigan Law Review*, v. 80, n. 4, p. 617-33, 1982; F. Schauer, The Wily Agitator and the American Free Speech Tradition, *Stanford Law Review*, v. 57, n. 6, p. 2157-2170, 2005. Documentários também abordam o episódio, como, por exemplo: *Skokie: Invaded But Not Conquered*. Disponível em: <http://video.wttw.com/>.

Uma segunda lição pode ser o que chamamos de "efeito do pretexto" (*pretext effect*)[49]. Isto é, aprendemos que os agentes do governo muito frequentemente defenderão restrições à fala com razões muito diferentes de suas reais motivações – isto é, o silenciamento de seus críticos e a supressão de ideias indesejadas. Acredito que o efeito pretexto se mostra bem evidente nos casos Ellwanger, Levy Fidelix e no das citações bíblicas, quando foram adotadas medidas restritivas.

Uma terceira lição é sobre o "efeito de crise" (*crisis effect*). Isso significa não só que em tempos de crise, seja ela real ou imaginária, cidadãos e oficiais do governo tendem a entrar em pânico e a desesperadamente se tornarem cada vez mais intolerantes e a se precipitar na supressão de discursos passíveis a ser demonizados como perigosos, subversivos, desleais ou antipatrióticos, mas também que a gramática da liberdade de expressão varia em contextos excepcionais ou extremos. Tendo isso em vista, a jurisprudência brasileira muitas vezes usa de cenários exagerados e de argumentos do gênero ladeira escorregadia (*slippery slope argument*) para limitar a livre expressão de maneira imprudente e abusiva.

O Brasil atualmente passa por uma crise política que traz consigo um terreno fértil para esse tipo de argumento. Um bom exemplo disso é a afirmação feita pelo ex-ministro da Educação, o professor de filosofia Renato Janine Ribeiro, sugerindo prisão aos manifestantes que carregassem bandeiras em apoio à ditadura militar na época dos protestos de 2015 contra o governo da ex-presidente Dilma Rousseff[50]. Durante o regime militar,

49. Sobre o efeito do pretexto e motivação imprópria, ver E. Kagan, Private Speech, Public Purpose: The Role of Government Motive in First Amendment Doctrine, *The University of Chicago Law Review*, n. 63.

50. Durante uma palestra em São Paulo, o professor de filosofia e ex-ministro da Educação apoiou a detenção de pessoas que publicamente apoiaram regimes totalitários e ditaduras militares. "Estamos tendo no Brasil uma tolerância, que é grande, com condutas antidemocráticas que deveriam ser tipificadas como criminosas... Pregar ▶

o mesmo tipo de argumento foi utilizado para prender simpatizantes da Ditadura do Proletariado e para banir o Partido Comunista Brasileiro.

A doutrina da liberdade de expressão tem evoluído dentro de várias áreas e de debates distintos nos Estados Unidos, na Europa e na América Latina. Um dos passos importantes tomados pela doutrina americana que a diferencia das demais é o reconhecimento da distinção entre restrições baseadas no conteúdo e restrições neutras quanto ao conteúdo. Para Stone,

O passo crucial neste desenvolvimento foi o reconhecimento por parte do Tribunal da distinção entre restrições baseadas no conteúdo e restrições neutras. Até mais ou menos 1970, a Corte não via claramente que as leis regulando o conteúdo da expressão representavam uma questão sobre a Primeira Emenda diferente daquelas postas pelas leis regulando expressão sem ter em vista seu conteúdo. A Corte articulou pela primeira vez esse conceito em uma decisão ordinária em 1970, Schacht *vs.* Estados Unidos.[51]

Para ele,

a racionalidade para analisar restrições baseadas em conteúdo de forma diferente das restrições neutras quanto ao conteúdo, é o de que as restrições baseadas em conteúdo são mais propensas a influenciar o debate público a favor ou contra ideias particulares, e a serem viciadas por motivações constitucionalmente não admissíveis[52].

▷ a volta dos militares deveria ser crime, deveria levar a pessoa para a cadeia. Vários países da Europa criminalizaram a pregação nazista. Nós – que tivemos uma ditadura militar – deveríamos criminalizar a pregação da ditadura". Disponível em: <http://www.brasil247.com/>. De acordo com o professor de filosofia da Universidade de São Paulo Vladimir Safatle, aqueles que defendem o retorno do regime militar deveriam ser presos por apologia ao crime. Disponível em: <http://www.redebrasilatual.com.br/>.

51. G.R. Stone, op. cit., p. 278. Schacht *vs.* United States, 398 u.s. 58, 65 (1970). Em Schacht, o Tribunal decidiu a favor da inconstitucionalidade da lei proibindo soldados de vestir seus uniformes em produções teatrais se elas retratassem militares de forma negativa.

52. Ibidem, p. 279.

Reconhecer que as regulações baseadas em conteúdo e as restrições neutras apresentam diferentes problemas nada nos diz sobre como avaliar a constitucionalidade de leis específicas que pendem tanto para um lado quanto para outro da linha. No entanto, as diferenças ainda são significativas, já que a regulação de conteúdo "nunca é permissível" e "regulações ao discurso (no discurso público[53]) podem não ser baseadas em seu conteúdo", ao passo que leis neutras quanto ao conteúdo exigem um maior escrutínio no que se refere ao contexto comunicacional.

Obviamente, leis neutras quanto ao conteúdo podem também representar uma ameaça à liberdade de expressão através da limitação das oportunidades à livre expressão e às vezes através da provocação de efeitos de diferenciais quanto ao conteúdo (*content-differential effects*). Por exemplo, uma lei restringindo panfletagem ou manifestações em parques públicos terá mais efeito em alguns tipos de pessoas ou mensagens do que em outras. Por essa razão, "mesmo que essas leis em sua aparência sejam neutras quanto ao conteúdo, elas podem distorcer o discurso público de maneira enviesada (não neutra)". No Brasil, argumentos baseados nesse tipo de distinção são muito raros, e restrições baseadas em conteúdo não são consideras ilegais, já que deve existir uma ponderação entre os interesses por trás delas e outros interesses sociais.

O sistema jurídico americano admite regulações baseadas em conteúdo relacionadas a "circunstâncias especiais", criando uma exceção à forte presunção constitucional contra esse tipo de regulação. A história da Primeira Emenda construiu uma lista que abrange desde regulações ao discurso em geral por parte de agentes do governo, a regulações do discurso sobre propriedade pública, a regulações do discurso feito por estudantes, soldados e prisioneiros,

---

53. Como conceitualizado por R. Post em Reconciling Theory and Doctrine in First Amendment Jurisprudence, *California Law Review*, p. 1367-2368.

a regulações ao próprio discurso do governo, e a regulações que forçam indivíduos a revelar informações ao governo. Essa história é baseada em justificações (e racionalidades – *rationales*) conceituais e filosóficas que tentaram fixar os limites dessas circunstâncias.

Robert Post escreveu extensivamente sobre a relevância teórica do discurso produzido no debate público em comparação com aquele produzido no âmbito privado[54]. Ele também chamou atenção para o fato de que "regras de civilidade" podem também representar uma maneira de impor padrões da cultura dominante a fim de limitar a liberdade de expressão[55].

No Brasil, a falta de teorias ou justificativas filosóficas claras para essas circunstâncias especiais muitas vezes induz juízes a aplicarem quase o mesmo tipo de justificativa para escrutinizar a liberdade de expressão em debates tanto no âmbito público quanto no privado. Esse tipo de mescla de critérios acrítica é encontrada no caso Levy Fidelix. Os argumentos do juiz também sugerem um entendimento acrítico sobre o argumento de Post na questão das "regras de civilidade".

A experiência americana rejeitou com sucesso três abordagens fortemente defendidas sobre a interpretação da Primeira Emenda. A primeira delas insistia que a Primeira Emenda era absoluta – isto é, quando ela afirma que "o Congresso não poderia fazer lei, deveria restringir a liberdade de expressão"[56], isto significava peremptoriamente que "nenhuma lei" significa literalmente "nenhuma lei". O juiz Hugo Black provavelmente

54. Ver R. Post, Racist Speech, Democracy, and the First Amendment, *William and Mary Law Review*, v. 32, p. 279-285.

55. Ver R. Post, Racist Speech, Democracy, and the First Amendment, *William and Mary Law Review*, v. 32, 1991; Idem, Hate Speech, em I. Hare; J. Weinstein (eds.), *Extreme Speech and Democracy*, p. 123-139.

56. "O Congresso não deverá legislar sobre o estabelecimento de uma religião ou proibir o livre exercício da mesma; ou restringir a liberdade de expressão ou de imprensa; ou o direito do povo de se reunir pacificamente e de peticionar ao governo uma reparação de queixas."

é o maior defensor dessa posição. A crítica contra essa ideia mostrou a complexa natureza das relações entre os valores constitucionais. Apesar desse tipo de perspectiva absoluta nunca ter sido popular no Brasil – em parte por conta da complexa estrutura da Constituição brasileira, que representa a liberdade de expressão junto a muitos outros valores e interesses básicos –, a crítica americana é ainda útil para a teoria constitucional.

A segunda abordagem rejeitada pela jurisprudência americana da livre expressão é a noção de que um único padrão de avaliação deveria ser adotado em todos os casos envolvendo a Primeira Emenda. Para Stone,

não importa se o padrão é estabelecido com base num alto nível de justificação, como o perigo claro e eminente, ou o escrutínio estrito (*strict scrutiny*), que é necessário para promover interesses governamentais importantes, ou se ele é estabelecido num baixo nível de justificação, como a avaliação baseada em razoabilidade ou base racional, tem sido cada vez mais evidente que uma solução de "tamanho único" (*one-size fits for all*) não é o adequado[57].

Por essa razão, o debate americano sobre a liberdade de expressão provou que "qualquer padrão único terminaria inevitavelmente por ditar resultados implausíveis, às vezes insuficientemente protetivos à liberdade de expressão, às vezes insuficientemente respeitosos diante dos interesses governamentais conflitantes"[58].

De maneira nada surpreendente, a única perspectiva que poderia ser razoavelmente aplicada a todos os casos foi a ponderação *ad hoc*. Entretanto, de acordo com a corrente americana dominante sobre a livre expressão[59], apesar de a ponderação parecer sensata, a prática nos

---

57. G.R. Stone, op. cit., p. 176.

58. Ver L. Tribe, *American Constitutional Law*, 3. ed., p. 583-584.

59. Sobre a ponderação *ad hoc*, ver A.M. Bickel, *The Least Dangerous Branch: The Supreme Court at the Bar of Politics*; Tribe, op. cit. e A. Aleinikoff, Constitutional Law in the Age of Balancing, *The Yale Law Journal*, v. 96, n. 5.

mostrou que era incrivelmente difícil identificar e avaliar todos os diversos fatores que deveriam ser levados em conta no julgamento caso-a-caso. Isso poderia levar a um conjunto de resultados altamente incertos, imprevisíveis e dependente de fatos que, por sua vez, poderia acarretar na arbitrariedade a favor de grupos e ideias dominantes.

Contrária à jurisprudência brasileira sobre a livre expressão, que às vezes parece transplantar algumas doutrinas europeias do pós-guerra de forma acrítica, a doutrina da Primeira Emenda parece em grande parte ser mais o produto de uma experiência prática do que um raciocínio doutrinário aplicado a casos concretos.

Alexander Aleinikoff escreveu um influente artigo comparando a estrutura e as características da teoria da ponderação. Apesar de seu alvo ter sido a ponderação nos casos sobre a livre expressão, seus argumentos principais podem certamente ser aplicados nesse âmbito. Aleinikoff enfatiza:

A consequência mais problemática destas tentativas de derivar uma escala comum a todos os casos são justamente decisões judiciais em que ao tribunal simplesmente deixa de revelar os motivos que o orientaram ao atribuir pesos a cada um dos interesses envolvidos. Essas decisões baseadas na ponderação são emitidas sem maiores considerações: os interesses das partes são identificados, e um vencedor é proclamado ou então anuncia-se uma regra estabelecendo uma ponderação "apropriada", sem que, no entanto, haja muita discussão dos padrões valorativos envolvidos nessa escolha. Alguma escala rústica e intuitiva, calibrada em graus de "importância", parece funcionar. Mas em grande parte, o processo de ponderação ocorre dentro de uma caixa negra. Obviamente, o processo oculto desperta o fantasma daquele tipo de tomada de decisão judicial sobre o qual os Realistas nos alertaram, e que a ponderação prometeu superar.[60]

Os exemplos mencionados no começo desse artigo confirmam que o mesmo mal-estar ocorre nos tribunais

60. A. Aleinikoff, op. cit., p. 943.

brasileiros. "Ponderadores" veem o direito constitucional como um campo composto por princípios descobertos através do sopesamento (ou ponderação) de interesses relevantes à resolução do problema constitucional em destaque. Como aponta Aleinikoff:

Estes interesses podem ser traçados à própria Constituição (liberdade de expressão, regulação federal do comércio) ou descobertas em outros lugares (ruas limpas, cumprimento da lei). Alguns interesses carregam maior peso porque a sociedade em geral reconhece sua importância; outros porque eles estão localizados na Constituição. De fato, pode-se entender a Constituição, a partir do ponto de vista de um ponderador, como um documento destinado a garantir que juízes (entre outros) tratem certos interesses com maior respeito. É um "quadro de honra" de interesses.[61]

Apesar dessa metodologia ter trazido transparência e um protocolo claro ao processo de tomada de decisão judicial, ela também gerou alguns impactos adversos. Ronald Dworkin argumentou incansavelmente que ver direitos constitucionais simplesmente como "interesses" passíveis a serem superados por outros interesses não constitucionais não se ajusta bem ao entendimento comum acerca do significado de um "direito"[62]. O conceito forte de direitos, direitos morais, não é redutível a interesses, nem corretamente traduzível em termos instrumentais. O conceito de direitos como trunfos envolvem uma perspectiva não instrumentalista, e desafia a ideia de que a interpretação judicial é apenas uma questão de decidir sobre interesses conflitantes. Aleinikoff argumenta que "a ponderação está prejudicando nosso entendimento comum sobre o direito constitucional enquanto um empreendimento interpretativo. Ao fazer isso, ela está transformando o discurso constitucional em uma discussão geral sobre a razoabilidade da conduta governamental"[63].

61. Ibidem, p. 986.
62. Ver R. Dworkin, *Taking Rights Seriously*, p. 194-269.
63. A. Aleinikoff, op. cit., p. 987.

Isso ocorre porque

sob a abordagem da ponderação, o tribunal busca na paisagem dos interesses e encontra uma acomodação razoável entre eles. Assim agindo, ele ignora amplamente o ponto comum da interpretação constitucional – a investigação e manipulação de textos (tais como linguagem constitucional, casos precedentes e, talvez, nossa "tradição ética")[64].

Ele está correto em apontar o risco. A consequência da naturalização da ponderação como o único método para decidir os casos sobre a liberdade de expressão é aumento do risco de se perder a riqueza especial da construção conceitual e filosófica que marcou sua existência. Ponderar é um método sensato para resolver conflitos pessoais, sociais e jurídicos. No entanto, não se segue que é sempre o único ou o melhor método[65].

A mesma conclusão é particularmente verdadeira em muitas decisões constitucionais acerca da liberdade de expressão. Em suma, concordo com a conclusão de Aleinikoff de que "ponderação não é inevitável. Ponderar interesses não é simplesmente ser honesto sobre como nossas mentes – e a análise jurídica – devem funcionar.

64. Ibidem, p. 988.
65. Aleinikoff argumenta de forma convincente: "Na vida e na lei, todavia, muitas vezes tomamos decisões de uma forma que não podem ser caracterizada como equilibrada. Muitas decisões baseadas em noções de certo e errado, do justo, de deserção, de amor e paixão parecem nada ter a ver com equilíbrio. É duvidoso que alguém ajude um amigo porque, pesando tudo, tal conduta seja mais recompensadora do que outra atividade que possa empreender no momento. Também não é provável que se oponha à discriminação racial por ela ser ineficiente ou os custos sociais do preconceito serem muito maiores do que os benefícios individuais de poder escolher os clientes ou inquilinos. Por trás de muitas das decisões mais importantes que tomamos, das crenças mais importantes que temos, há julgamentos de princípio que não podem ser reduzidos ao equilíbrio. Esses julgamentos podem ser atos de fé; eles podem ser premissas, não provas. Não obstante, eles formam o alicerce de nossos sistemas morais." (Ibidem, p. 996-997).

164

Ela consiste em adotar uma teoria particular de interpretação que requer uma justificação"[66].

* *

A experiência jurídica americana acerca da liberdade de expressão oferece muitas lições importantes a serem consideradas pelas novas democracias constitucionais na América Latina, como o Brasil. A longa e rica história do raciocínio jurídico e da reflexão teórica criou um repertório abundante de análises conceituais e dados empíricos sobre as linhas de raciocínio tanto instrumentais quanto não instrumentais, usualmente invocadas para defender a liberdade de expressão. Acredito que algumas das lições mais relevantes e perspicazes são essas:

A doutrina americana tem remendado um aparato analítico completo e refinado sobre a natureza da linguagem em diferentes contextos. Esse é um dos mais importantes resultados de casos como o Brandenburg.

A experiência americana, no que tange a produção de dados empíricos sobre as consequências das decisões liberais a favor da liberdade de expressão pode nos ajudar a evitar conclusões rasas e apressadas sobre os possíveis efeitos e conexões causais gerados pelos discursos de ódio e de violência, discriminação e silenciamento. Nesse sentido, ela pode nos fornecer dados úteis, que por sua vez podem desafiar argumentos consequencialistas hipotéticos (ou palpiteiros) muitas vezes encontrados no debate jurídico brasileiro sobre a livre expressão.

A história americana também fornece um contexto no qual o funcionamento dos limites estruturais da livre expressão pode ser analisado e criticado. Essa crítica tem levado a distinções especiais de áreas específicas como a grande mídia, o âmbito trabalhista ou acadêmico, que raramente são considerados de forma mais refinada pelos tribunais e pelas doutrinas brasileiras.

66. Ibidem, p. 1000.

A experiência americana tem produzido um aparato conceitual rico que tem ajudado no entendimento e na análise das controvérsias da livre expressão – entre elas a natureza normativa ou interpretativa de conceitos como a democracia, autonomia, direitos (como trunfos), debate público, insulto, o descaso negligente (*reckless disregard*), intenção maliciosa (*actual malice*), incitação etc. O direito americano também vem servindo como um cenário jurídica e institucionalmente rico, no qual teorias como a "má tendência", ainda são vívidas na jurisprudência dos tribunais brasileiros.

Ela também tem criado muitos mecanismos ou testes jurídicos como o do "perigo claro e iminente" ou o escrutínio estrito (*strict scrutiny*), que podem servir como métodos alternativos para impor critérios mais claros, menos contestáveis e possivelmente mais objetivos sobre como definir os limites da liberdade de expressão em contextos específicos.

Além disso, a doutrina americana vem, há muito tempo, desafiando o mero dano como a única base para autorizar a imposição de limites à livre expressão. Essa conceitualização também projetou uma nova luz nos critérios a serem utilizados para diferenciar palavras ditas em ofensa direta (*fighting words*) de discursos ofensivos no debate público. É evidente que a teoria do direito e a prática dos tribunais brasileiros estão ainda sob o risco de repetir os mesmos erros que os americanos cometeram no passado já não tão recente.

A experiência excepcionalista americana no debate sobre a liberdade de expressão tem também criado um poderoso antídoto metodológico contra a ponderação naturalizada por meio do teste de proporcionalidade. O mantra da ponderação e da proporcionalidade é altamente disseminado na jurisprudência latino-americana e europeia. Todavia, este não é o lugar para discutir seu mérito ou sua exatidão em geral. A ponderação é, provavelmente, uma ferramenta muito útil em muitas áreas jurídicas, que possui um importante papel na jurisprudência da liberdade de expressão. No entanto, ela não é exclusiva e necessariamente o melhor método para decidir sobre conflitos acerca da livre expressão. Apesar da crítica do teste de ponderação não ser algo restrito ao debate jurídico de liberdade de expressão nem desconhecido fora dos Estados Unidos, é particularmente interessante que tenha se desenvolvido nessa área. Isso representa uma importante lição metodológica que estudiosos da liberdade de expressão devem ter em mente. A teoria do direito mais estrita e conceitual dos americanos nessa questão oferece uma alternativa democrática poderosa à aceitação naturalizada e mecânica do modelo de ponderação, e oferece meios para uma análise conceitual rica ainda desconhecida pelos tribunais brasileiros.

12. O AI-5, A DEMOCRACIA, AS "FAKE NEWS" E AS REDES SOCIAIS

José Eduardo Faria

Em seminário promovido pela Associação Nacional dos Jornais em outubro de 2019, cientistas políticos e jornalistas políticos discutiram os problemas causados pela desinformação digital e seus efeitos corrosivos sobre a democracia. Duas semanas depois, o presidente da República investiu contra o jornal *Folha de S.Paulo* e contra a TV Globo, chegando, inclusive, a ameaçar com retaliação empresas e empresários que anunciassem nos dois veículos.

Como se não bastasse, um de seus filhos propôs um novo Ato Institucional nº 5, com o objetivo de cassar mandatos e suspender direitos políticos de quem criticasse o grupo que comanda o Palácio do Planalto. Apesar de um estudado pedido de desculpas da parte deste último, ambas as falas encontraram eco nas redes sociais e foram exponenciadas por ativistas midiáticos de direita. Esses eventos estão ligados. Quando a internet surgiu, a organização horizontal e descentralizada das redes sociais foi vista como um avanço rumo a uma democracia direta digital, com base em consultas populares eletrônicas. O tempo, contudo, deixou claro que as redes sociais tendem a corroer a democracia representativa baseada no sufrágio universal e nos mandatos eletivos, levando à perda da capacidade dos governos sobre os processos sociais. Em que medida o poder das tecnologias digitais está se sobrepondo à ação política e qual é a legitimidade desse poder?

A questão surgiu no contexto das transformações ocorridas nas décadas finais do século xx. Uma foi a revolução econômica, que ampliou a autonomia do capital – especialmente o financeiro – com relação aos poderes políticos. Outra foi a sociológica, uma vez que os novos métodos de produção desestruturaram o mundo do trabalho e, por consequência, a composição social do operariado e da burguesia. Uma terceira revolução foi a tecnológica, que propiciou comunicação em tempo real e a formação de redes sociais. A quarta foi a política, com o enfraquecimento de muitos Estados nacionais frente à hegemonia de poderes transnacionais. A quinta revolução foi a cultural, que reconfigurou os horizontes de vida dos cidadãos e gerou conflitos de identidade, radicalizando disputas e tornando determinados conflitos não negociáveis.

Nesse contexto, as possibilidades democratizadoras das redes sociais foram recebidas como uma forma de superar os vícios da representação política. Décadas depois, o otimismo cedeu vez ao pessimismo, à medida que foi ficando claro o potencial disruptivo das novas tecnologias de informação. A comunicação em tempo real introduziu uma lógica de curto prazo e substituiu a formulação de políticas públicas por agitação, atos públicos, *marketing* e improviso. Ideias, promessas, projetos e alianças passaram a ser corroídos rapidamente. Em vez de ajudar a moldar o futuro, as redes sociais propiciaram movimentos de adaptação constante. Em vez de viabilizar a formação de um consenso em torno de um projeto de nação, reduziram as discussões a um moralismo fundado em pautas simplificadoras para julgar cidadãos.

Na sociedade digitalizada, tudo funciona a partir de mensagens e discursos que acenam com uma rejeição generalizada ao estado de coisas, prometendo soluções e redenções pela descontinuidade e a ruptura. A mobilização por meio de redes sociais possibilita vetos e protestos, mas não o labor argumentativo nem a construção de acordos com base num debate livre e crítico e a consecução de compromissos cívicos. O que é absurdo na democracia representativa, como ameaças de retaliação a anunciantes nos meios de comunicação, na democracia digital torna- -se algo normal ou comum.

Apesar do contínuo fluxo de informações sem filtros na chamada ciberesfera, poucos são os cidadãos capazes de processá-las com precisão. Sem informações verazes sobre o que os políticos estão fazendo, torna-se difícil para os cidadãos exercer com responsabilidade o direito de voto. Com isso, em vez de se ter na vida política uma diversidade de fatores que esclareça os acontecimentos e permita situar partidos e eleitos diante de suas respectivas responsabilidades, o jogo político é reduzido à busca de culpados e às explosões verbais de populistas, moralistas e aventureiros, cujo desprezo às instituições tendem a crescer quanto maior é a receptividade de suas falas pela opinião pública.

Em virtude da disseminação massiva de intrigas, escândalos, mentiras, insultos e difamações, esse jogo acaba sendo instrumentalizado por quem faz do discurso antissistema uma forma perversa de ação política. Por consequência, quanto menos representatividade têm os atores tradicionais, como partidos, sindicatos e imprensa convencional, maior é a assimetria de conhecimento e poder. Mais vulnerável fica a sociedade a toda forma de inconsequência e insensatez. E maior é o espaço deixado a demagogos, militantes ideológicos e bonapartistas, o que abre caminho para rumos perigosos, como aquele para o qual o Brasil está se dirigindo sob o comando de um vulgar e ignaro presidente da República.

A política é uma forma de obter, por meio do diálogo, as condições mínimas de articulação de regras e procedimentos que, além de orientar de modo coerente o cotidiano da máquina pública, permite a definição de objetivos, o estabelecimento de prioridades e a elaboração de estratégias. É pela política que um Estado democrático pode ter, em momentos distintos, distintas funções adequadas a distintos objetivos. E, por sua natureza, essa negociação é complexa e lenta – portanto, incompatível com a fluidez e com a volatilidade inerentes ao tempo real da era digital.

Por esse motivo, é impossível entender as políticas fora de um quadro de referências normativas instituído pelo Estado. Além de ser um mecanismo de um entendimento que acomoda divergências e compõe soluções, a democracia pressupõe a delimitação de direitos e deveres. Por isso, também é difícil estimar como suportará a tensão entre interesse público de médio e longo prazos, definido por mediações democráticas, e interesses privados imediatistas, que mudam ao sabor dos ventos.

Ainda que seja difícil saber o que vai acontecer com a política, uma coisa é certa: ao propiciar fluxos contínuos de todo tipo de informações, sem que ninguém se apresente como responsável por muitas delas, transformações na tecnologia de comunicações configuram um processo que a democracia representativa não tem conseguido controlar. Isso coloca em risco a liberdade, à medida que avançam, em velocidade digital, *fake news* eivadas de demagogia e autoritarismo, como vem ocorrendo no país nestes tempos sombrios.

DECISÕES JUDICIAIS

Brasil

SUPREMO TRIBUNAL FEDERAL. Habeas Corpus n. 82.424-2. Publicação de Livros: Anti-Semitismo. Racismo. Crime Imprescritível. Conceituação. Abrangência Constitucional. Liberdade de Expressão. Limites. Ordem Negada. Rio Grande do Sul. Relator: Ministro Moreira Alves. DJ, 19.03.2004. Disponível em: <http:// redir.stf. jus.br/>. Acesso em: 31 mar. 2017.

_____. Habeas Corpus n. 82.424/RS. 17 set. 2003. Disponível em: <http:// redir.stf.jus.br/>. Acesso em: 31 mar. 2017.

SUPERIOR TRIBUNAL DE JUSTIÇA. AgInt no recurso especial n. 1.593.873/SP, julgado em novembro de 2016.

IV CÂMARA DE DIREITO PRIVADO do Tribunal de Justiça de São Paulo (Ribeirão Preto). Acórdão n. 0045315-08.2011.8.26.0506. Voto n. 3/4. Relator: Zelinschi de Arruda. 10 dez. 2015. Disponível em: <http://s.conjur.com.br/>. Acesso em: 31 mar. 2017.

JUÍZO DE DIREITO DA 33ª VARA CRIMINAL DA CAPITAL (Rio de Janeiro). Processo n. 003060392.2016.8.19.000. 3 fev. 2016.

JUÍZO DE DIREITO DA 18ª VARA CÍVEL PÚBLICA. Processo n. 1098711 29.2014.8.26.0100. Ação Civil Pública – Indenização por Dano Material. Defensoria Pública do Estado de São Paulo, José Levy Fidelix da Cruz e outro. 2 fev. 2017.

Estados Unidos

DENNIS vs. United States, 341 U.S. 494 (1951).

DISSENT Abrams vs. United States, 250 U.S. 616, 630 (1919) (Holmes, J., dissenting).

NEW YORK TIMES Co. vs. Sullivan, 376 U.S. 254 (1964).

SCHACHT vs. United States, 398 U.S. 58, 65 (1970).

SCHENCK vs. United States, 249 U.S. 47 (1919).

WHITNEY vs. California, 274 U.S. 357 (1927).

BIBLIOGRAFIA

ABBATE, Jane. *Inventing the Internet*. Cambridge: MIT Press, 1999.

ALEINIKOFF, Alexander. Constitutional Law in the Age of Balancing. *The Yale Law Journal*, v. 96, n. 5, 1987. Disponível em: <http://www.jstor.org/>. Acesso em: 31 mar. 2017.

ALSTYNE, Marshall W. Van; PARKER, Geoffrey G.; CHOUDARY, Sangeet Paul. Pipelines, Platforms, and the New Rules of Strategy. *Harvard Business Review*, v. 94, n. 4, 2016.

ANTONIALLI, Dennys. Indenizações Por Dano Moral Ameaçam Liberdade Para se Fazer Humor na Internet, *Conjur*, 2016. Disponível em: <https://www.conjur.com.br>. Acesso em: 15 abr. 2019.

ARAÚJO, Camila Souza; MEIRA JR., Wagner; ALMEIDA, Virgílio. *Identifying Stereotypes in the Online Perception of Physical Attractiveness*, 2016. Disponível em: <https://arxiv.org/abs/1608.02499>. Acesso em: 25 abr. 2019.

ARAÚJO, Luiz Alberto David; NUNES JR.,Vidal Serano. *Curso de Direito Constitucional*. São Paulo: Saraiva, 2010.

ASH, Timothy Garton. *Free Speech – Ten Principles for a Connected World*. London: Atlantic Books, 2016.

BALKIN, Jack. Digital Speech and Democratic Culture: A Theory of Freedom of Expression for the Information Society. *N.Y.U. Law Review*, v. 79, n. 1, 2004.

BARLOW, John Perry. *A Declaration of the Independence of Cyberspace*. Disponível em: <https://www.eff.org/>. Acesso em: 25 abr. 2019.

BARROSO, Luís Roberto. "Here, There and Everywhere": Human Dignity in Contemporary Law and in the Transnational Discourse (August 30, 2011). *Boston College International and Comparative Law Review*, v. 35, n. 2, 2012. Disponível em: <http://ssrn.com/>. Acesso em: 31 mar. 2017.

BASTOS, Celso Ribeiro. *Comentários à Constituição do Brasil. 1. ed. São Paulo: Saraiva, 1989. 2 v.*

BERLIN, Isaiah. Two Concepts of Liberty. *Essays on Liberty*. Oxford: Oxford University Press, 1969.

BICKEL, Alexander M. *The Least Dangerous Branch: The Supreme Court at the Bar of Politics*. New Haven: Yale University Press, 1962.

BLANCO, Patrícia (org.). "Esquecer o Quê?". *Pensadores da Liberdade. A Liberdade Como Princípio*, v. 2. São Paulo: Palavra Aberta, 2015 (Col. Pensadores da Liberdade).

BOLLINGER, Lee C.; NEIER, Aryeh. The Skokie Legacy: Reflections on an "Easy Case" and Free Speech Theory. *Michigan Law Review*, v. 80, n. 4, 1982.

BOYLE, Kevin. Overview of a Dilemma: Censorship versus Racism. In: COLIVER, Sandra (ed.), *Striking a Balance: Hate Speech, Freedom of*

Expression and Non-Discrimination. London: Article 19 e Human Rights Centre/University of Essex, 1992.

BRAND, Stewart. We Owe it All to the Hippies. *Time*, 1º mar. 1995. Disponível em: <http://content.time.com/>. Acesso em: 25 abr. 2019.

BRITO CRUZ, Francisco; MASSARO, Heloísa. *Você na Mira – InternetLab – Relatório #1: O Impulsionamento de Conteúdo de Pré-Candidaturas na Pré-Campanha de 2018*. Disponível em: <http://www.internetlab.org.br/>. Acesso em: 25 abr. 2019.

BUTLER, Judith. *Excitable Speech: A Politics of the Performative*. New York/London: Routledge, 1997.

CAMPOS, Ricardo. Transformação Social Motivou Nova Lei Alemã de Internet, *ConJur – Opinião*, 7 set. 2017. Disponível em: <https://www.conjur.com.br>. Acesso em: 22 abr. 2019.

CAPPI, Juliano. *Internet, Big Data e Discurso de Ódio: Reflexões Sobre as Dinâmicas de Interação no Twitter e os Novos Ambientes de Debate Político*. Tese (Doutorado em Comunicação e Semiótica), Pontifícia Universidade Católica de São Paulo, São Paulo, 2017.

CARNETI, Karen. Com Dúvidas Sobre Autoria, Polícia Investiga *Site* de Apologia ao Estupro "Tio Astolfo", *Exame*, 31 jul. 2015. Disponível em: <https://exame.abril.com.br>. Acesso em: 16 abr. 2019.

CASTELLS, Manuel. *A Galáxia da Internet: Reflexões Sobre a Internet, os Negócios e a Sociedade*. Rio de Janeiro: Zahar, 2003.

_____. *A Sociedade em Rede. V. 1: A Era da Informação: Economia, Sociedade e Cultura*. São Paulo: Paz e Terra, 1999.

CHAFEE JR., Zechariah. *Free Speech in the United States*. 2. ed. Clark: The Lawbook Exchange, 2001.

CRARY, Jonathan. *24/7: Capitalismo Tardio e os Fins do Sono*. São Paulo: Cosac Naify, 2014.

DELGADO, Richard. Words That Wound: A Tort Action for Racial Insults, Epithets, and Name-Calling. *Harvard Law Review*, v. 17, 1982.

DOWNEY, John; FENTON, Natalie. New Media, Counter Publicity and the Public Sphere. *New Media and Society*, v. 5, n. 185, 2003.

DWORKIN, Ronald. Is there a Right to Pornography? *Oxford Journal of Legal Studies*, v. 1, n. 2, 1981. Disponível em: <https://academic.oup.com/>. Acesso em: 31 mar. 2017.

_____. *Taking Rights Seriously*. Cambridge: Harvard University Press, 1977.

FARIS, Rob; GASSER, Urs; ASHAR, Amar; JOO, Daisy. Understanding Harmful Speech Online. *Berkman Klein Center Research Publication*, n. 21, 2016. Disponível em: <https://papers.ssrn.com/>. Acesso em: 25 abr. 2019.

FISS, Owen M. Free Speech and Social Structure. *Faculty Scholarship Series*, 1986. Disponível em: <http://digitalcommons.law.yale.edu/>. Acesso em: 31 mar. 2017.

_____. *The Irony of Free Speech*. Cambridge: Harvard University Press, 1998. (Ed. bras.: *A Ironia da Liberdade de Expressão: Estado, Regulação e Diversidade na Esfera Pública*. Rio de Janeiro: Renovar, 2005.)

FRASER, Nancy. Rethinking the Public Sphere: A Contribution to the Critique of Actually Existing Democracy. In: CALHOUN, Craig (org.). *Habermas and the Public Sphere*. Cambridge: MIT, 1992.

GABINA, Lourenço Paiva. *Discurso de Ódio e Jurisdição Constitucional: Uma Abordagem Pragmática*. Dissertação (Mestrado em Direito), Instituto de Direito Público (IDP), Brasília, 2015.

GILLESPIE, Tarleton. The Relevance of Algorithms. *Media Technologies: Essays on Communication, Materiality, and Society*. Cambridge: MIT Press, 2014.

GOMES, Paulo. Acusados de Ataque Com Lâmpada na Paulista São Multados em R$ 129 Mil, *Folha de S.Paulo*, 17 out. 2018. Disponível em: <https://www1.folha.uol.com.br/>.

GONZALEZ, Anna; SCHULZ, David. Helping Truth with Its Boots: Accreditation as an Antidote to Fake News. *The Yale Law Journal Forum*. Disponível em: <https://www.yalelawjournal.org/>. Acesso em: 23 jun. 18.

GRIMM, Dieter. The Holocaust Denial Decision of the Federal Constitutional Court of Germany. In: HARE, Ivan; WEINSTEIN, James. *Extreme Speech and Democracy*. Oxford: Oxford University Press, 2009.

GROSS, Clarissa Piterman. *Poder Dizer ou Não?: Discurso de Ódio, Liberdade de Expressão e a Democracia Liberal Igualitária*. Tese (Doutorado em Direito), Universidade de São Paulo, São Paulo, 2017.

HABERMAS, Jürgen. *Inclusion of the Other: Studies in Political Theory*. Cambridge: Polity, 1998.

HERZ, Michael; MOLNAR, Peter (eds.). *The Content and Context of Hate Speech: Rethinking Regulation and Responses*. Cambridge: Cambridge University Press, 2012.

KAGAN, Elena. Private Speech, Public Purpose: The Role of Government Motive in First Amendment Doctrine. *The University of Chicago Law Review*, n. 63, 1996.

LAZER, David M.J. et al. The Science of Fake News. *Science*, v. 359, n. 6.380, mar. 2018. Disponível em: <https://science.sciencemag.org/>. Acesso em: 24 abr. 2019.

LESSIG, Lawrence. *Code is Law: On Liberty in Cyberspace*. Disponível em: <https://www.harvardmagazine.com/>. Acesso em: 23 jun. 2018.

LIPPMANN, Walter. *Public Opinion*. New York: Free Press Paperbacks (Simon and Schuster), 1997.

LITTLETON, Christine. Equality and Feminist Legal Theory. *University of Pittsburgh Law Review*, n. 48, 1987.

MACEDO, Fausto; AFFONSO, Julia. "Bravata", da PF, Ataca Racismo Virtual. *O Estado de S. Paulo*, 10 maio 2018. Disponível em: <https://politica.estadao.com.br>. Acesso em: 9 ago. 2019.

MACEDO JUNIOR, Ronaldo Porto. Freedom of Expression: What Lessons Should We Learn from US Experience? *Revista Direito GV*, v. 13, n. 1, Jan.-Apr. 2017. Disponível em: <http://dx.doi.org/>. Acesso em: 23 jun. 2018.

MACHADO, Marta; LIMA, Marcia; NERIS, Natália. Racismo e Insulto Racial na Sociedade Brasileira: Dinâmicas de Reconhecimento e Invisibilização a Partir do Direito. *Revista Novos Estudos Cebrap*, v. 35, n. 3, 2016.

MARWICK, Alice E. boyd, danah. I Tweet Honestly, I Tweet Passionately: Twitter Users, Context Collapse, and the Imagined Audience. *New Media & Society*, v. 13, n. 1, 2011.

MATSUDA, Mari. Public Response to Racist Speech: Considering the Victim's Story. *Michigan Law Review*, v. 87, n. 8, 1989.

MEIKLEJOHN, Alexander. *Free Speech and its Relation to Self-Government*. New York: Harper & Bros., 1948.

MEYER-PFLUG, Samantha Ribeiro. *Liberdade de Expressão e Discurso de Ódio*. São Paulo: Revista dos Tribunais, 2009.

MILL, John Stuart. *On Liberty*. CreateSpace: Independent Publishing Platform, 2014.

MIRANDA, Darcy Arruda. Comentários à Lei de Imprensa. *Revista dos Tribunais*, 3. ed., 1995.

MOREIRA, Adilson José. *O Que É Discriminação?* Belo Horizonte: Letramento, 2017.

MORETTO, Marcio. Colapso Contextual. *Blog Dissenso*, 2018. Disponível em: <https://dissenso.org/>. Acesso em: 25 abr. 2019.

NOBRE, Freitas. *Lei da Informação*. São Paulo: Saraiva, 1968.

O'NEIL, Cathy. *Weapons of Math Destruction*. New York: Crown Books, 2016.

OLIVA, Thiago Dias; ANTONIALLI, Dennys Marcelo. Estratégias de Enfrentamento ao Discurso de Ódio na Internet: O Caso Alemão. *Revista Direitos Culturais*, v. 13, n. 30, 2018. Disponível em: <https://www.researchgate.net/>. Acesso em: 25 abr. 2019.

ORTELLADO, Pablo; MORETTO, Marcio. O Que São e Como Lidar Com as Notícias Falsas. *Revista Sur*, n. 27, 2018. Disponível em: <http://sur.conectas.org/>.

PARISER, Eli. *Filter Bubble: How the Personalized Web is Changing What We Read and How We Think*. New York: Penguin Books, 2011.

PEREIRA, Lizando Mello. *Descolonizar o Pensamento Jurídico Sobre os Discursos de Ódio: Desconstruindo a Cultura da Violência*. Dissertação (Mestrado em Direito), Universidade Federal do Rio Grande do Norte, Natal, 2017.

POST, Robert. Hate Speech. In: HARE, Ivan; WEINSTEIN, James (eds.). *Extreme Speech and Democracy*. Oxford: Oxford University Press, 2011.

_____. Racist Speech, Democracy, and the First Amendment. *William and Mary Law Review*, v. 32, 1991.

_____. Reconciling Theory and Doctrine in First Amendment Jurisprudence. *California Law Review*, v. 88, 2000.

PRADO JR., Bento. Não Dizer a Verdade Equivale a Mentir?, *Discurso*, São Paulo, n. 15, 1983. Disponível em: <http://www.revistas.usp.br/>. Acesso em: 23 jul. 2017.

RAWLS, John. *Political Liberalism*. New York: Columbia University Press, 2005.

SCHAUER, Frederick. Freedom of Expression Adjudication in Europe and the United States: A Case Study in Comparative Constitutional Architecture. In: NOLTE, Georg (ed.). *European and US constitutionalism*. Cambridge: Cambridge University Press, 2005.

_____. The Wily Agitator and the American Free Speech Tradition. *Stanford Law Review*, v. 57, n. 6, 2005.

SCHOLZ, Trebor. *Platform Cooperativism: Challenging the Corporate Sharing Economy*. New York: Rosa Luxemburg Stiftung, 2016.

SCORDATO, Marin Roger. Free Speech Rationales after September 11th: The First Amendment in Post-World Trade Center America. *Stanford Law & Policy Review Issue*, v. 13, 2002.

SELLARS, Andrew. Defining Hate Speech. *Berkman Klein Center Research Publication*, n. 20, 2016. Disponível em: <https://cyber.harvard.edu/>. Acesso em: 28 ago. 2019.

SILVA, José Afonso da. *Curso de Direito Constitucional Positivo*. 31. ed. São Paulo: Malheiros, 2008.

SILVA, Virgílio Afonso da. O Proporcional e o Razoável. *Revista dos Tribunais*, n. 798, 2002.

SOLOVE, Daniel. *The Digital Person: Technology and Privacy in the Information Age*. New York: NYU Press, 2004.

SPOHR, Dominic. Fake News and Ideological Polarization: Filter Bubbles and Selective Exposure on Social Media. *Business Information Review*, v. 34, n. 3.

SRNICEK, Nick. The Challenges of Platform Capitalism. *Juncture*, v. 23, n. 4, 2017.

STONE, Geoffrey R. Free Speech in the Twenty-First Century: Ten Lessons from the Twentieth Century. *Pepperdine Law Review*, v. 36, n. 2, 2009. Disponível em: <http://digitalcommons.pepperdine.edu/>. Acesso em: 31 mar. 2017.

SUNSTEIN, Cass. *#Republic*. Princeton: Princeton University Press, 2017.

_____. *2009: On Rumors: How Falsehoods Spread, Why We Believe Them, What Can Be Done*. London: Allen Lane, 2009.

_____. *2007: Republic.com 2.0*. Princeton: Princeton University Press, 2007.

SWEENEY, Latanya. *Discrimination in Online Ad Delivery*, 2013. Disponível em: < https://arxiv.org/abs/1301.6822>. Acesso em: 25 abr. 2019.

TRIBE, Laurence. *American Constitutional Law*. 3. ed. New York: Foundation Press, 2000.

TURNER, Fred. *From Counterculture to Cyberculture: Stewart Brand, the Whole Earth Catalog, and the Rise of Digital Utopianism*. London: The University of Chicago Press, 2008.

VALENTE, Mariana Giorgetti; NERIS, Natália; RUIZ, Juliana Pacetta; BULGARELLI, Lucas. *O Corpo É o Código: Estratégias Jurídicas de Enfrentamento ao Revenge Porn no Brasil*. São Paulo: InternetLab, 2016.

VIANNA, José; KANIAK, Thais. PF Prende uma Pessoa em Operação Contra Racismo, Ameaça, Incitação e Terrorismo Praticados na Internet. RPC *Curitiba e G1 PR*, 10 maio 2018. Disponível em: <https://g1.globo.com/>. Acesso em: 9 ago. 2019.

WALDRON, Jeremy. *The Harm in Hate Speech*. Cambridge: Harvard University Press, 2012.

WEINSTEIN, James. Extreme Speech, Public Order, and Democracy: Lessons from the Masses. In: HARE, Ivan; WEINSTEIN, James (eds.). *Extreme Speech and Democracy*. Oxford: Oxford University Press, 2011.

Lista de sites

BRASIL 247: <http://www.brasil247.com/>.
EUROPA: <https://ec.europa.eu/>.
FOLHA DE S.PAULO: <https://www1.folha.uol.com.br/>.
FÓRUM: <https://www.revistaforum. com.br/>.
GLOBAL VOICES: <https://pt.globalvoices.org/>.
GOVERNO FEDERAL: <http://www.planalto.gov.br>.
LE MONDE: <http://www.lemonde.fr/>.
NEXO: https: <//www.nexojornal.com.br/>.
O JORNAL ECONÓMICO: <http://www.jornaleconomico.sapo.pt/>.
OPEN DEMOCRACY: <https://www.opendemocracy.net/>.
POLITICO: <https://www.politico.eu/>.
RBA – REDE BRASIL ATUAL: <http://www.redebrasilatual.com.br/>.
SKOKIE: INVADED BUT NOT CONQUERED: <http://video.wttw. com/>.
TECHDIRT: <https://www.techdirt.com/>
THE STRAITS TIMES: <https://www.straitstimes.com/>.
TRIBUNAL SUPERIOR ELEITORAL: <http://www.justicaeleitoral

SOBRE OS AUTORES

JOSÉ EDUARDO FARIA
é professor titular do Depto. de Filosofia e Teoria Geral do Direito da USP e da Escola de Direito da Fundação Getúlio Vargas (FGVLAW), tendo sido professor visitante em universidades espanholas e italianas. Membro do conselho editorial do International Institute for Sociology of Law e colunista do jornal *O Estado de S. Paulo*, tem dezessete livros publicados no Brasil e no exterior, entre os quais *O Estado e o Direito Depois da Crise* (Saraiva, 2011), prêmio Jabuti de 2012.

MARIANA GIORGETTI VALENTE
é doutora em sociologia jurídica pela Faculdade de Direito da USP e diretora do InternetLab, uma associação de pesquisa independente que atua no campo de políticas de internet e direitos humanos. É também pesquisadora do Núcleo Direito e Democracia do Cebrap e professora na pós-graduação do Insper. Foi pesquisadora visitante na Universidade da Califórnia – Berkeley School of Law, bolsista do Serviço Alemão de Intercâmbio Acadêmico (DAAD, na sigla em alemão) na Universidade Ludwig-Maximilians de Munique e professora e pesquisadora no Centro de Tecnologia e Sociedade da Fundação Getulio Vargas (FGV).

TAÍS GASPARIAN
é graduada pela Faculdade de Letras, Filosofia e Ciências Humanas da Universidade de São Paulo

(FFLCH-USP) e bacharel em Direito e mestre em Filosofia e Teoria Geral do Direito pela Faculdade de Direito da USP. Foi chefe de gabinete do ministro da Justiça (2002). Colabora com a Universidade de Columbia em Nova York no *site* Global Freedom of Expression e, atualmente, é *visiting scholar* na Faculdade de Direito da Universidade de Yale (Yale Law School). Atua nas áreas de advocacia contenciosa e consultiva e na área do direito civil relacionada à mídia, à publicidade e à internet.

RONALDO PORTO MACEDO JÚNIOR
fez o mestrado na área de filosofia e o doutorado e a livre-docência na área de teoria e filosofia do direito, todos na Universidade de São Paulo (USP) com pós-doutoramento na Yale Law School e no King's College de Londres. É professor titular do Departamento de Filosofia e Teoria Geral do Direito da USP e professor de Filosofia Política e Ética e Teoria do Direito na Fundação Getulio Vargas (FGV). Foi *visiting scholar* na Escola de Direito de Harvard – Harvard Law School, e professor visitante da Goethe Universität, de Frankfurt, entre outras. Foi procurador de Justiça no estado de São Paulo e conselheiro do Conselho Administrativo de Defesa Econômica (Cade). É autor de vários livros, entre os quais *Direito e Interpretação: Racionalidade e Instituições* (Saraiva, 2011); *Do Xadrez à Cortesia: Dworkin e a Teoria do Direito Contemporânea* (Saraiva, 2013) e *Teoria do Direito Contemporânea* (Juruá, 2017).

Este livro foi impresso em Cotia,
nas oficinas da Meta Brasil,
para a Editora Perspectiva